新时代高校劳动教育理论与实践探索

王冬坡 著

哈尔滨出版社

H.P.H

HARBIN PUBLISHING HOUSE

图书在版编目（CIP）数据

新时代高校劳动教育理论与实践探索 / 王冬坡著
. -- 哈尔滨：哈尔滨出版社，2024.5
ISBN 978-7-5484-7933-8

Ⅰ.①新…　Ⅱ.①王…　Ⅲ.①劳动教育 – 教学研究 –
高等学校　Ⅳ.①G40–015

中国国家版本馆CIP数据核字(2024)第110889号

书　　名：**新时代高校劳动教育理论与实践探索**
XINSHIDAI GAOXIAO LAODONG JIAOYU LILUN YU SHIJIAN TANSUO

作　　者：王冬坡　著
责任编辑：韩伟锋
装帧设计：砂子

出版发行：哈尔滨出版社（Harbin Publishing House）
社　　址：哈尔滨市香坊区泰山路82–9号　　邮编：150090
经　　销：全国新华书店
印　　刷：北京虎彩文化传播有限公司
网　　址：www.hrbcbs.com
E-mail：hrbcbs@yeah.net
编辑版权热线：（0451）87900271　87900272
销售热线：（0451）87900202　87900203

开　　本：787mm×1092mm　　1/16　　印张：14.25　　字数：205千字
版　　次：2024年5月第1版
印　　次：2024年5月第1次印刷
书　　号：ISBN 978-7-5484-7933-8
定　　价：78.00元

凡购本社图书发现印装错误，请与本社印制部联系调换。
服务热线：（0451）87900279

第一章

新时代高校劳动教育的价值意蕴

党的十九大报告指出，中国特色社会主义进入新时代。这是对中国发展新的历史方位及其所处的阶段和状态的最新判断，是对人民美好生活需要与发展不平衡不充分的社会基本矛盾的精准定位，这些既构成了新时代发展的基本内容，又为新时代劳动教育提出了新要求，标定了新时代高校劳动教育质量提升的新高度。

第一节　新时代开展高校劳动教育必要性

新时代坚持中国特色社会主义教育的发展道路需要以劳动教育为基础。劳动教育是大学生成长成才的基础，大学生处于人生黄金时代的青年期，切实加强高校劳动教育具有重要的时代意义及现实意义。

一、实现中华民族伟大复兴中国梦的决胜之要

（一）有利于更好地完成新时代的历史使命

马克思说："任何一个民族，如果停止劳动，不用说一年，就是几个星期，也要灭亡"。事实上，劳动决定人的存在状态，是人类生存发展的基本条件，也是中华民族永续繁荣的内生动力。习近平总书记指出："40年来取得的成就不是天上掉下来的，更不是别人恩赐施舍的，而是全党全国各族人民用勤劳、智慧、勇气干出来的！"要面对和破解中国特色社会主义事业发展中的一切难题和诸多矛盾，从根本上就要依靠全体劳动人民脚踏实地的辛勤劳动、苦干实

干巧干的奋斗精神。大学生只有通过自身素养的提高、进步创造更加丰富的劳动成果，才能完成新时代赋予的历史使命。高校劳动教育能够引导学生形成正确劳动观念，激发劳动精神，自觉将个人与集体、个人梦和中国梦熔铸为高度统一的发展共同体。因此，高校劳动教育对完成时代赋予的历史使命具有迫切的现实意义。

（二）有利于培养可靠的社会主义建设者和接班人

劳动者的综合素质决定国家的核心竞争力，是事关国家发展能否在激烈的国际竞争中占据先机、掌握主动的根本。我国经济发展战略从"中国制造"到"中国智造"的转变，客观上要求我们打造一支素质过硬、精益求精、结构优化的产业工人队伍。大学生在时代重托之下，必须具有尊重劳动、热爱劳动的价值理念，要具有坚毅的意志品质和突出的创新能力，同时要具有服务全人类的家国情怀。面对经济结构、劳动力结构同时转型的重叠压力，进一步加强高校劳动教育的重要性和紧迫性被置于尤其突出的位置。唯有充分发挥高校劳动教育对大学生锤炼顽强意志、锻造高尚品格、铸就健全人格的重要作用，帮助他们实现德智体美劳全面发展，方能培养堪当民族复兴大任的社会主义建设者和接班人。

二、落实高校立德树人根本任务的应有之义

高校劳动教育是落实高校立德树人根本任务的重要支撑。通过高校劳动教育能够使理想教育融入劳动实践，有利于培养理想远大的时代新人、勇担重任的时代新人、本领过硬的时代新人。

（一）培养理想远大的时代新人

新时代，一方面，大学生因自身阅历尚浅、缺乏吃苦耐劳、奋斗拼搏的精神，另一方面，受社会不良风气、传统观念、国外社会思潮的冲击难免会出现劳动价值观扭曲、劳动精神缺失和弱化等现象。为了答好民族复兴的时代考题，必须做好进行艰苦卓绝奋斗的充分准备，这就要求我们不断探索适应新时代发展需要的育人方案。在高校劳动教育的具体实施中，就是要引导学生明确认清劳动的本质、准确把握劳动内涵、养成良好的劳动品质；就是要依托"出力流汗、接受锻炼、磨炼意志"的劳动实践方式，增强他们的社会责任感和使命感。

（二）培养勇担重任的时代新人

《中华人民共和国高等教育法》第5条规定："高等教育的任务是培养具有社会责任感、创新精神和实践能力的高级专门人才，发展科学技术文化，促进社会主义现代化建设。"其包含两个层面的内涵：一是注重大学生实践能力、创新精神的培养；二是重视对"民为本的理念，利天下的情怀，行大道的坚守"的担当精神及"以天下为己任"的社会责任感的培育。面对新时代对高等教育立德树人新要求以及大学生自身成长的现实需要，立足扎实的劳动实践，以高校劳动教育引导大学生认同马克思主义劳动观和中国特色社会主义；以实习实践活动强化大学生的使命担当，进一步提升他们的历史使命感与社会责任感，引导大学生争做新时代的最美奋斗者与勇敢开拓者。

（三）培养本领过硬的时代新人

当今的中国正处于新一轮科技革命进程中，产业变革迅猛发展，劳动新业态、新样态日益增多，创造性劳动迅猛发展，以大数据、区块链、人工智能为典型代表的新科技的竞争日趋激烈，只有掌握了新技术革命的发展趋势和战略先机才能在竞争中立于不败之地，这对全面提升大学生的劳动素养提出了更高的要求。青年大学生唯有不断增强本领能力，成为技能型、知识型、创新型的高素质劳动者，方能真正挑起社会主义建设的历史重任，从而为走向社会、创造未来奠定基础。

三、推动青年大学生全面发展的内在之需

高校劳动教育具有鲜明的育人导向和目标指向，不仅是对马克思关于人的自由全面发展理论的深刻自觉，亦是劳动在人的现实生成与自我实现过程中内在需要，其有利于进一步丰富马克思主义劳动观的本质内涵。

（一）有利于大学生充分理解生命的发展要求

马克思指出"通过劳动而生产自己的生命"。这揭示了人类本质与生命是通过自由的、自觉的、有意识的劳动得以展现出来。大学生进入社会后，劳动不仅是其谋生的手段，更是他们朝着自我提高、自我发展、自我实现方向迈进的主要路径。经由劳动，人的物质属性得以逐步发展，更进步彰显人的社会属性和精神属性。劳动是实现个体有效融入社会生活的基本方式。正是在共同劳动中，劳动者之间形成一定的劳动关系，进而在劳动分工与交流合作中，劳动者彼此间的社会关系得以构建。我们应当认识到，劳动作为人类的本质活动，是实现人的自由全面发展的基本途径，劳动成为生活的第一需要。

据此，高校劳动教育的根本目的得以明确，即实现人的本质力量的全面解放并在此基础上不断生成和确证人的本质属性。通过开展新时代高校劳动教育，达成自我建构、自我塑造、自我提升的目标，让大学生在劳动过程中体验生命，在创造性劳动中感受生命的意义。为此，应该着力使大学生自觉将劳动转化为自我生成、自我成长、自我实现的创造性实践活动。

（二）有利于大学生形成劳动幸福观

马克思认为"劳动是自由生命的表现，因此是生活的乐趣"。这就意味着当人们将生产劳动作为其实现个体自由意志的基本路径时，劳动就实现从负担向快乐和幸福的转变，并且在这一转变中劳动使人的本质需要的真理性得以体现。从这个层面上说，劳动是引领个体创造幸福、收获幸福的重要途径，是人们获得幸福的唯一来源，满足了人类生存和发展的各种需要，其中不仅包括人类对基本生存物质资料的需要，也包括人类在发展过程中智力和体力方面的需要。通过高校劳动教育引导学生学习和践行马克思劳动幸福观，引导学生通过劳动使得人类通过与社会群体之间的交往增长劳动意识、交往技能、服务态度，进而提高交往的幸福感。

（三）有利于大学生形成理想人格

通过开展高校劳动教育除了让大学生体认生命、获得幸福感之外，还要将塑造理想人格作为重要的目标指向。"知、情、意、行"相合一、"真、善、美"相统一的理想人格能够对劳动者的劳动意识、劳动精神、劳动品质、劳动心理、劳动行为等产生重大、积极的影响。开展高校劳动教育，成功塑造理想的劳动者人格事关劳动教育能否培育素质优良、品质高尚的劳动者，事关劳动教育能否实现良好的育人质量、取得理想的育人成效。高校劳动教育引导大学生培养甘于奉献、踏实奋进的劳动精神，树立艰苦奋斗、勇于突破的劳动意识，增强适应变化、锐意创新的劳动能力，形成尊重劳动、崇尚劳动的劳动品质。总而言之，高校劳动教育符合规律性与目的性相统一要求，既重视对大学生的劳动精神面貌、精神状态和精神品质进行塑造，也重视引导大学生建构求真务实、崇德向善的理想人格为价值追求。

第二节　新时代开展高校劳动教育紧迫性

当前，高校劳动教育面临人工智能时代带来的新课题、高校劳动教育面临的新挑战以及大学生自身发展的现实情况的挑战，迫切需要加强和改进高校劳动教育的现状，培养大学生热爱劳动的优良品质，形成良好的劳动习惯和艰苦奋斗的思想作风。

一、及时回应人工智能时代带来的新课题

当前，以云计算、区块链、人工智能等为代表的新兴科技正在解构并重塑着人类社会的生产活动。信息社会已经成为当今时代的新常态，人类在虚拟空间的生活和工作时间远远超过在现实物理空间的生活与工作时间。劳动形态的持续变革为高校劳动教育带来新的课题、提出新的挑战，势必要求高校劳动教育做出变革。

（一）强化劳动认同是人工智能时代高校劳动教育的题中之义

劳动认同是帮助学生树立正确劳动观的重要条件，是提升学生劳动自觉的动力源泉，主要表现为劳动者自身在情感上、价值上对自我存在方式、自我价值实现的确证，以及社会、他人对劳动个体的认知和态度。一方面，数字劳动是劳动平台与劳动形式媒介化后出现的新型劳动实践。人工智能时代，学生通过搜索引

擎、智能翻译就可自动获取进而分析相关数据，简化了学生学习过程，提高了学习效率。另一方面，人工智能作为教育的辅助工具，使学生过度依赖工具，进而在学生中助长了好逸恶劳的思想。学生中开始出现靠命运致富，"躺平"的"佛系文化""丧文化"等网络亚文化。因此，使学生形成正确的劳动认同，即尊重劳动、热爱劳动，认可劳动的价值就显得极为重要。

在农业和工业生产中，个体的劳动时间、地点、速度都受到较大限制，基本没有自主选择的时间，劳动对于个体而言，具有较大的被动性和压迫性。信息社会则完全相反，个体可以自由选择劳动的时间、地点，甚至可以选择以什么样的方式完成劳动。这就对个体生命的自主规划能力提出了新的要求。个人的自主规划能力直接决定其在信息社会的发展态势。信息社会所提供的劳动自由对于一个自主规划能力弱的人将是一场灾难，而对规划能力强的人而言，则是其创造自身价值、实现自我成就的有力客观条件。因此，为了避免自主规划能力不足的大学生陷入自由的劳动所带来的迷茫和无助，在开展高校劳动教育时，应当重视与学生生涯教育、就业教育的有效衔接，引导学生在自我探索的过程中正确认识自己，进而实现对人生的正确规划。唯有如此，大学生方能适应劳动的自由所带来的影响，从而自如地在信息社会中进行劳动。

（二）培养正确的消费观是人工智能时代高校劳动教育的新内容

长期以来，人们肯定生产与劳动的重要性，消费和闲暇则被视为是消极和负面的，人为地将二者割裂开来，进行二元对立。正是由于这种割裂的观念，使得以往没有充分重视个体消费观及闲暇教育的开展。事实上，在自动化生产日趋发达的信息化社会中，人工智能等自动化生产极大地解放和发展了社会生产力，在为全社会带来极为丰富的物质财富的同时，也极大地增加了人们的闲暇时间。与此同时，生产方式愈发弹性化发展赋予了人们更多的劳动自主性，进而能够将劳动同消费、闲暇相融合。在信息社会中，日益模糊的生产和生活边界促使如何消费、如何休闲的问题变成当下高校劳动教育亟需关注的现实问题。在消费主义等多元思潮的冲击下，部分大学生存在攀比消费、符号消费、过度消费现象。因此，指导大学生正确理解消费的根本性质与基本内涵，构建正确消费观的消费教育，以及旨在帮助他们避免新的劳动排斥，更好地进行时间的规划、利用与管理的闲暇教育就成为人工智能时代下高校劳动教育中极为重要的新内容。

二、积极应对高校劳动教育面临的新挑战

新中国成立以来，教育与生产劳动相结合的原则是我们党贯彻始终的教育方针。但是令人遗憾的是，当我们重新审视当下的劳动教育，会发现受多种价值畸变影响，劳动教育原本的本真意蕴被遮蔽了。

（一）高校劳动教育地位矮化

纵观学校教育的历史发展进程，推动各个时期劳动教育开展的主要力量源于重要领导人的讲话，呈现出外生性特征。同时，受"学而优则仕""劳心者治人，劳力者治于人"的封建思想影响，家长群体、师生群体均对体力劳动抱有一定程度的偏见与轻视，"唯分数论"的风气使大学生在教学实践中走向了只懂得获取分数的工具理性。这些都使得劳动教育的效果不理想，发展的内驱力不够，劳动教育被异化为一般的物化手段与工具，最终在高校教育实践中流于形式，劳动教育没有取得与实质相匹配的地位，其重要地位被错误地矮化。

（二）劳动教育的不当异化

1.劳动教育被误读为技艺学习

一些学生将获得一个个的证书看作他们走进名校的重要筹码，争相追逐各类荣誉称号，单纯地把劳动教育误读为技艺教育。学生对于材料的节省使用、对于劳动付出辛劳的切身体会、对于劳动成果的共享以及尊重劳动、珍惜劳动、热爱劳动的内容不以为然，实际上是对劳动教育初衷的背离。这种异化为技艺评比的劳动教育，没有使学生感到幸福与愉悦、自由和享受，而是感到不幸和挫败、束缚与压迫。

2.劳动教育被误解为休闲娱乐

以考试为导向的教育单方面地追求入学率，将考试取得高分作为评价优质学校教育和优秀学生的最重要标准，学生面临高压的学业负担。面对学生的学业高压，学校组织学生参与类似"乡村体验营""农耕嘉年华"等走马观花式的劳动体验活动，难以有效激发学生内心深处的情感共鸣和真实体验。劳动教育被学校和家长误解为是"减负"的休闲娱乐，缺乏教育的信念感与厚重感，缺少对劳动、劳动者及其劳动成果尊重严肃的正确态度。这种嘻嘻哈哈、重娱乐体验轻体悟教育的"观光式"劳动与真正意义的劳动教育完全是大相径庭、背道而驰的。

3.劳动教育被误用为惩罚手段

很多人为避免体罚等引起的伦理争议，转而错误地将劳动视同为一种惩罚学生的合法、道德的教化手段，劳动畸变为一种惩罚的手段和形式。长此以往，这种误解将不可避免地影响大学生身心的正常生长，并使劳动教育愈加边缘化与污名化。更为严重的是，被污名化的劳动教育加深了学生和劳动的隔阂，劳动与大学生内心世界之间更加疏离，加剧学生对劳动的排斥心理。劳动正在被误解为消极、负面的行为，从而被迫走向歧路，劳动的教育意蕴与正面价值被笼上一层厚厚的阴霾。而受教育者一旦将劳动看成是种负面的心理体验，劳动的宝贵价值也就不复存在。

4.劳动教育被降格为技能培训

我们时常能在学校中听到这样一种教育论调：不劳动则无以为生。诚然，熟练掌握劳动技能是生存发展必要条件，但是片面地将对劳动价值的认识局限在谋生之需的范畴内，就人为地抽离了劳动的生活价值。在劳动教育中片面凸显"生产劳动"属性，不仅易于造成对"劳动"性质的理解失当，而且加剧了劳动与休闲之间的隔阂。对于大学生而言，劳动是他们徜徉美好生活的风帆，是他们实现个体价值与自由解放的基本途径。劳动教育如果降格为"技能培训"，变成赚钱和谋生的工具，坠入世俗化的窠臼，就失去了提升自身价值和自我完善的意义。

（三）高校劳动教育机制虚化

制度是支撑劳动教育落细落实的有力抓手。当前高校劳动教育仍然缺乏一套能充分整合学校、家庭与社会教育的长效机制，导致实践中高校劳动教育的功能与价值弱化。

1.常态化、长效化组织机制的缺失

由于新课程改革设置了综合实践活动，很多高校不再设置劳动教育课，与之相关的配套课程、专职教师、仪器设备、实践基地等逐渐不受重视。同时，囿于制度建设、教师队伍、安全保障等多方面因素存在缺失或者不足，高校为了规避安全事故责任而对组织大学生开展校内外劳动实践、志愿服务的积极性不高。这些因素共同导致劳动教育缺乏长效化组织机制，实践中往往被弱化为个别临时性、活动性的劳动项目，譬如劳动技能大赛、大扫除等。而这种重表面、轻实效的高校劳动教育运行模式，将会不断窄化劳动教育的组织形态与活动方式，大学生的劳动意识与劳动能力持续消解与退化，终将使劳动教育逐步丧失其深沉厚重的生命力。

2.评价体系的不完善

过去我国实行的以"德智体"三维评价标准的传统评价机制是导致劳动教育现实困境的重要原因之一。考试主义在教育场域仍然处于主导地位，得到学生、家长、老师的默许和认可，美育、劳动教育缺乏相应的评价和激励机制的现象，严重挫伤学生参加劳动教育的主动性与积极性，致使劳动教育离理想目标仍有较大差距。

3.条件机制的空位

高效、稳定开展劳动教育离不开条件机制的保障作用。条件空位是导致当下劳动教育问题发生的一个重要原因，具体表现为：一是劳动教育的师资条件质量偏低。高质量的师资队伍是保证劳动教育发挥实效的一项关键因素，但是目前高校劳动教育的师资队伍建设显然并不尽如人意，仍然存在诸多亟待解决的问题。

在量的方面，授课教师的数量缺口较大；在质的方面，队伍中多为"老、弱、病"等教师，在与其他重要课程教师队伍进行年龄结构、学历层次、专业对口度的比较中完全处于劣势。另外，由于教师队伍中多为兼职教师，专兼结合的队伍体系尚未建立，因而队伍整体稳定性不足。二是课程条件空位缺陷较大。首先，高校容易将诸如"助研、助教、助管"岗位、志愿服务、社会实践等教育实践活动等同于劳动教育课程。其次，这类实践活动的反馈评价机制尚不健全，如学生能够轻易蒙混过关。最后，对隐性课程资源的开发局限于单一的国家层面，对地方性、民族性的课程资源发掘重视度不足，导致缺乏地方性、校本化课程。

三、主动回应大学生劳动价值观的新变化

新时代大学生出生和生活在社会转型巨变时期，伴随着互联网技术的飞速发展，新媒体的繁荣，在带给人们便捷生活的同时，不同地区和不同文明形态之间必然会产生深层次的融合，从而引发不同价值观念的碰撞，其必然引发新时代大学生劳动价值观产生与以往不同的新特点。

（一）"佛系青年"现象逐渐成为青年的生存模式

"佛系青年"来源于日本，直到2017年才在中国网络社会走红。其基本含义引用了佛教所主张的空、虚、无等理论，表现为无欲无求、怎样都行，一切随缘的低欲望生活方式，实际上是青年群体应对激烈的社会竞争时选择的一种自嘲行为，是一种在现实重压之下的自我减负。

"佛系青年"在工作上不争不抢，不在乎输赢，只求完成任务。在学习上，听天由命，不求最好只求过关。"都可以""随便""无所谓"是"佛系"青年挂在嘴边的口头禅。这种慵懒的人生态度折射出青年群体缺乏责任感和使命感，漠视人生理想的心理状态。但实际上，部分青年学生只是表面消极，内心并不消极。可能是一种失败焦虑的心理补偿策略，也是争取生存空间的话语策略。青年究竟是选择以"佛系"和"丧"的方式生存，还是再次振作精神，选择以"硬核"的方式迎接各种挑战，是我们需要解决的实际问题。

（二）竞争意识强，功利化倾向突出

随着我国市场经济的发展，青年群体的竞争日益突出，"内卷"普遍存在。渴望成功的心理使功利主义价值观念在个人身上普遍扎根，"事少、钱多、离家近"成了大学生群里流行的就业观，也折射了"劳动强度""劳动收入""劳动舒适度"成了大学生群体中重要的劳动评判标准。

一是体现在关于课程学习以考试成绩为导向，对于系统知识掌握欠缺，学校积极公益劳动参与度不高，往往以自身利益得失大小来衡量参与劳动活动的价值取向。此外，不劳而获心态严重。主要体现在不愿意努力刻苦学习，考试临近，"临时抱佛脚"现象普遍存在，考试作弊问题凸显。这都导致劳动价值观偏离，弱化有付出就有收获、成功来自努力的浅显道理，偏离了对劳动价值本质内涵的理解和体验。二是对待劳动的态度比较功利，存在"劳动必须有所获得"的功利心理。在我国传统的劳动教育中，"多劳多得"概念的广泛传播一方面鼓励了大学生通过勤奋劳动实现自己追求的目标，另一方面也促使大学生养成了付出必然要得到应有回报的惯性逻辑。"多少劳动＝多少收获"的想法一旦遇到自己的付出得不到预期回报的情况，就会影响到大学生劳动中的积极性或者采取投机取巧方式乃至放弃劳动。

劳动的源动力不再是基于社会责任感和人生价值的实现，而是建立在了追求物质和追求享受之上，劳动价值的评判标准也不在于社会贡献度，而是变成了劳动是否轻松、收入是否匹配、生活是否安逸。这种功利的"好逸恶劳，嫌贫爱富"的劳动价值标准在大学生群体中有不小的市场。

（三）职业服务意识淡化、创新创业观念不强

在我国职业价值观中，一直存在对"铁饭碗"的追捧，新冠疫情风险的出现，大学生经济风险意识上升，进一步浓厚了"求稳"氛围，加深了对这种传统价值观的追捧。这都导致体制"内卷"，因为竞争目标单一、竞争对手增多，竞争趋于"白热化"。大学生宁可通过一次次的考试，扎堆到政府、事业单位、国有企

业，也不选择到私营企业或者是自主创业。这都导致学生创新创业意识能力不强，团队合作意识、人际沟通能力欠缺。

第三节　新时代开展高校劳动教育可行性

高校劳动教育与人的全面发展的最终目标、与人才培养的时代要求以及党的教育方针都具有内在的高度契合，这都使得新时代开展高校劳动教育具有极大的可行性。

一、高校劳动教育契合人的全面发展最终目标

（一）人的全面发展立足于劳动的全面性展开

人的全面发展意指人的发展并非是单向的，而是多维度、多方面的。这种全面发展主要表现在三个方面：一是人的主观层面中知识与精神发展；二是人的物质层面的满足；三是人的社会层面中人与人的社会关系的正确体现。人的全面发展是基于现实基础建立起来的。即便是看似天马行空、无章可循的精神世界，也不是某种与现实完全抽离的肆意想象，人们都可以在现实世界中寻找到其本源。只有劳动实践才能包含人类的物质世界、精神世界以及社会关系的发展，伴随人类社会历史发展过程的始终。劳动发展状况决定人的全面发展的可能性及其发展状态。因此，人的发展只有通过劳动方能实现，劳动的全面性决定并推动人的发展全面性，唯有通过发展着的劳动方能呈现人的全面发展。

（二）大学生劳动价值观的培育归根到底是促进和实现人的全面发展

马克思主义理论体系的内核与价值归宿是促进和实现人的全面发展。大学生劳动价值观的培育归根到底是培养和塑造人，其根本目标与价值遵循也是实现人的全面发展。马克思在《政治经济学批判（1857–1858 年手稿）》中说："人类全部力量的全面发展成为目的本身。在这里，人不是在某一种规定性上再生产自己，而是生产出他的全面性"。在人类丰富和全面发展的过程中，人的主观能动性、

劳动能力、社会关系及综合素质逐步增强、完善与提高，这一过程在塑造个体价值中起着十分关键的作用。大学生劳动价值观培育将塑造理想品格、提升实践能力等作为主要内容，为培养人才创造有利的现实条件、提供不竭的精神动力、夯实厚重的思想基础。因此，通过劳动价值观培育，实现人自身综合素质的全面提升，使人类不断从必然王国向自由王国迈进，助力人类不断攀登追求自由与发展的新高度。

（三）培育大学生劳动价值观是实现人的全面发展的核心要求

马克思说："全部人的活动迄今为止都是劳动。"马克思、恩格斯认为，人的全面发展唯有处于共产主义社会中方能真正实现。但即便在共产主义社会中，人自由而全面的发展也必须以具有促进社会发展的劳动能力为主观条件。从马克思的观点出发，认为唯有劳动方能在根本上形成人的本质，而劳动能力的提高有赖于形成正确的劳动教育观。其一，为了获得丰富的物质财富，就必须提高社会生产力以积累物质财富。教育是传授知识和经验的载体和媒介。通过教育，以文字或语言的形式进行传递和创新是数代劳动人民在劳动实践中总结并确证的基本规律。"使儿童和少年了解生产各个过程的基本原理，同时使他们获得各种生产最简单的工具的技能"，把体力劳动和脑力劳动有机统一，促进社会生产力的解放与发展，从而创造并积累丰富的社会物质财富。其二，实现人的劳动能力的前提是消除社会分工对人的发展所造成的片面性。"要改变一般人的本性，使他获得一定劳动的技能和技巧，成为发达的和专门的劳动力，就要有一定的教育和训练"，换句话说，作为劳动者的大学生想要实现自身的全面发展，必须掌握科学文化知识和劳动技能。

唯有在劳动价值观指引下，劳动者才能够在劳动中发挥劳动技能，在劳动中体悟幸福，促使劳动转变为自由自觉的活动。在社会主义社会，培育青年人的核心价值观须以劳动幸福观为根基。劳动幸福观的价值意蕴就是尊重劳动，倡导幸福劳动。由此，我们可以认识到，唯有培育大学生形成正确的劳动价值观，才能推动他们自身劳动能力的发展，才能实现他们自身的全面发展。

二、高校劳动教育符合价值观培育的时代要求

价值观及其教育问题是古老又常新的话题。价值观是文化的核心，是个体人生的标尺和航向标，会对个人的思想和言行产生深刻影响。实践决定认识，劳动作为人类最基本的社会实践活动，决定价值观的形成与发展。因此，可以说劳动价值观是个体价值观发展的决定因素，在个体价值观发展中处于基础性地位。

（一）居于社会主义核心价值观中的基础地位

不管是何种性质的价值观，都与其背后的劳动价值观紧密相连。劳动价值观是价值体系的首要概念，贯穿价值体系始终。因此，社会主义核心价值观也要以正确的劳动价值观为根基。而在社会主义核心价值观中，敬业价值观正是建立在劳动价值观的基础之上的。敬业价值观在日常生活中具体表现为人们对所从事的工作、所发展的事业的敬畏与热爱。正如梁启超先生所言，"凡做一件事，便忠于一件事，将全副精力集中到这事上头，一点不旁骛，便是敬。"敬业之人全身心投入自己的工作中，力争将所有事都完成得尽善尽美，珍惜职业操守，捍卫职业荣誉。敬业往往与诚信密不可分，敬业者亦是诚信者，以诚待人、以信立本。再则，诚信者大多具有友善的道德情操。

（二）联系核心价值观与大学生职业发展的桥梁

马克思和恩格斯认为，"'思想'一旦离开'利益'，就一定会使自己出丑。"价值观教育一旦远离人的需要和利益的满足，终将是场空洞无力的教育悲剧。所以，价值观教育必须与满足人们生活中现实需要、现实利益紧密挂钩，而人们对利益的满足很大程度上源于个人的职业发展与职业劳动。对于终将踏入社会的大学生来说，他们所面对的最现实、最紧迫的问题就是就业与职业发展。而在社会主义核心价值观中，国家层面的富强、民主、文明、和谐是大学生职业发展和利益正当满足的先决条件，社会层面的自由、平等、公正、法治则为大学生的正当满足奠定了基础条件，个体层面的爱国、敬业、诚信和友善则对应着大学生职业发展所必备的基本素质。换句话说，社会主义核心价值观与包括大学生在内的每个公民的职业发展之间构成了一条密不可分的纽带，它为所有公民的正当利益满足和职业发展提供了坚实保障。但是，这种关联的纽带是无法为大学生所直观感受的，必须通过一个桥梁才能达成，这个桥梁就是大学生对于职业发展和利益满足的基本观点和根本态度，简言之，这一桥梁就是劳动价值观。经过上述逻辑分析，要在大学生群体中进行成功有效的职业教育和就业指导，社会主义核心价值观的基本要素必须与其职业选择、职业发展、职业生涯紧密相连。

（三）连接核心价值观与大学生人生幸福的纽带

人类社会发展的终极目标就是为了人的幸福。人的幸福与劳动价值观具有天然的内在关联。因为幸福感的产生总是与特定的物质生活条件以及人们的价值观相关，而人的物质生活条件和价值观都与劳动有关。劳动不仅为人类幸福提供物质基础，还为人类的自我实现提供途径。人自我发现、自我肯定、获得尊重和社会认同实质上就是人的自我实现过程。人的自我实现是一种最幸福的人生状态，与之相应地，劳动是幸福的源泉。正因如此，唯有个体正确理解劳动与财富创造、自我价值实现的必然关系，人生方能找到迈向真正幸福的道路。以劳动为纽带，我们建立起价值观与人生幸福之间的联系。从这个层面上说，社会主义的劳动价值观是连接核心价值观与个体人生幸福的重要纽带。

三、高校劳动教育与党的教育方针的内在一致性

中国共产党历来坚持将教育与生产劳动相结合的教育方针。早在 1934 年，毛泽东同志就把"教育与生产劳动联系起来"列为中华苏维埃政府文化教育总方针的主要内容。在那一时期，"大公无私""毫不利己，专门利人""全心全意为人民服务"等价值要求成为培育具有高尚道德修养的社会主义新人的重要标准。1958 年《中共中央、国务院关于教育工作的指示》又明确将"教育与生产劳动相结合"确定为党的教育方针。20 世纪 90 年代，"教育必须与生产劳动相结合"的提法被写进了《中华人民共和国教育法》，并在 2015 年的修订稿中予以保留。

随着社会经济的发展，国民教育的首要任务转变为全面提高全民素质。习近平总书记在全国教育大会上强调："要努力构建德智体美劳全面培养的教育体系，形成更高水平的人才培养体系。"2019年3月18日，习近平总书记在学校思想政治理论课教师座谈会上强调："扎根中国大地办教育，同生产劳动和社会实践相结合，加快推进教育现代化、建设教育强国、办好人民满意的教育"。这些重要论述，高扬了劳动教育的旗帜，丰富和发展了党的教育方针，是对党和国家人才培养目标的传承与接力，表明党和国家对人才培养一以贯之的方向，为新时代加强劳动教育指明了发展方向，提出了新任务、新课题。

新的时代境遇所带来的新情况、新问题为新时代开展高校劳动教育提出了更高要求，也标定了其质量提升的高度。我们应该看到，新时代开展高校劳动教育确有其历史必然性。它是实现中华民族伟大复兴中国梦的动力之源，是落实高校立德树人根本任务的应有之义，也是推动青年大学生全面发展的内在之需。人工智能时代带来的劳动形态的变化给新时代高校劳动教育带来新的课题；当前高校劳动教育的弱化、虚化使新时代高校劳动教育面临新的问题；当前大学生群体异化的劳动价值观现状使得高校劳动教育不得不有所作为。同时，高校劳动教育契合人的全面发展的最终目标、符合价值观培育的时代要求、与党的教育方针具有内在一致性，使得新时代开展高校劳动教育具有可行性。

第二章

国内外劳动教育学理资源

新时代大学生劳动教育需要以马克思主义经典作家的劳动思想、苏联教育家的劳动思想、西方教育理论中劳动教育思想为理论基石，并汲取中华优秀传统文化关于劳动的思想。这为新时代大学生劳动教育提供了坚实的理论基础和思想来源，有助于新时代大学生劳动教育取得良好效果。

第一节　马克思主义经典作家的劳动思想

"马克思主义是科学的理论，创造性地揭示了人类社会发展规律。"马克思主义经典作家的理论是被实践证明了的科学的理论，具有基础性、理论性和指导性。深入挖掘马克思主义经典作家的劳动思想及教育思想不仅可以为新时代大学生劳动教育奠定理论基础，也为大学生劳动教育指明了方向。

一、劳动创造了人和人类社会

是什么促使人脱离动物世界转变成为有意识的社会人，恩格斯用"劳动创造了人本身"概括了马克思关于劳动与人的关系。马克思认为，人既具有自然属性，也具有社会属性，是自然属性和社会属性相统一的存在。真正能够体现人的存在的是人的社会属性。劳动是使人从自然的存在转化为社会的存在的中介，在形成人和人类社会过程中，劳动具有本体价值。

第一，劳动使人类摆脱了最初的动物状态。劳动使人从自然界中分离出来，实现了"人化自然"。劳动是联结人与自然界的中介，在人类摆脱对自然界的依赖关系中发挥着至关重要的作用。首先，劳动使人脱离自然界的束缚后，又重新建立起了与自然界的联系。在人与动物分开后，人以劳动为中介与自然界的联系建立起能动的联系，区别于动物式的简单获取，人通过劳动从自然界中获得吃、穿、住等生活资料，并且以此为基础开展政治、经济、文化等各种活动。其次，劳动为人类创造了"人化自然"的环境。人类的生存空间是经过人类加工的自然环境，区别于动物，为了创造适合人类生存的环境，人类通过劳动逐渐改变自然环境，使之适合人类生存。随着人类改造自然的能力逐渐增强，自在的自然环境逐渐减少，人化的自然则普遍存在，这也反映了人类劳动的创造性和普遍性。最后，劳动推动猿脑变成人脑，同时人脑的发育及其感觉器官的发育进一步推动了语言及人的抽象思维和推理能力的提升，最终形成了完整的人。随着劳动、语言、脑的发育及其功能的完善，人们之间的社会交往逐渐增多，从而结成了社会关系，形成了社会，人最终从动物界中分离出来。

第二，劳动促进人类社会的形成。从自然界中进化而来的人，如果单就其生理机能来说已经具备了人的所有生物特征，比如，直立行走、灵活的手、发达的人脑等。但是人之所以为人，并不在于生物特征上与动物的区别，而主要是具备社会属性。人在摆脱动物界后进入社会，转变为社会人，才能称为真正的人。在社会关系中，人的本性得以提升，而一定社会关系的建立则有赖于人的劳动。劳动创造的财富满足了人类生存的第一个前提。在物质生产满足了人的基本生活需求后，人就会产生繁殖的需求，从而形成家庭，随着新的需求的增长，生成了人与人之间的更广大的社会关系，马克思称之为"许多个人的共同活动"。因此，人们从事物质资料的生产与他所处的社会关系密不可分，两者相互促进，相互发展。正是通过生产劳动而形成的社会关系，生物人才得以转变为社会人。因此，一定的物质资料的生产方式决定了人们的生活方式以及在一定社会中呈现的整体状态。劳动不仅完成了生物人转变为社会人的过程，也促进人类社会的形成。因为，在社会生活中，劳动作为人的社会性存在方式，必然与他人内在地相连，并且通过劳动分工得以实现。人们通过物质生产结成一定的生产关系，"生产关系总和起来就构成所谓社会关系，构成所谓社会"，总之，物质资料的生产推动着人类社会的关系不断丰富和扩大，结成了政治生活、经济生活、文化生活等社会关系，进而促进了人类社会的形成与发展。

第三，劳动确证了人的本质。马克思指出动物只是依据本能来维持自身的生存，其行为受本能的驱使，下意识或无意识占据了动物的绝大部分行为。人的类特性是自由的有意识的活动，是一种活动能力，人的主动性的根源，表现为人的类本质。

人的这种意识性是建立在客观的对象性活动的基础上的，而不是黑格尔所阐述的意识实体是人的本质。黑格尔的精神分析哲学，颠倒了存在和意识的先后关系。马克思认为人的意识具有非物质性，但意识却有内在的自觉性，它放弃抽象才能达到的它的对立面的本质——自然界。正是人通过有意识的对象化劳动过程，人才实现了自己的本质。马克思对这种自由而有意识的活动进行进一步考察，他指出人的这种活动是人类的特性并且通过生产生活表现出来。这种生产是人的能动的类生活。

通过这种生产，自然界才表现为他的作品和他的现实。因此，劳动的对象是人的生活的对象化。至此，马克思把人的本质特性与生产生活联系了起来，表明人的本质在生产实践活动中不断生成。人通过不断的对象世界的改造，把自己的生命对象化。生命的对象化体现为劳动者把自由而有意识的活动凝结在了产品中。这种对象化是一种有目的的主体施加于客体的活动，是人的自由而有意识的活动的类特性的表现形式。在《1844 年经济学哲学手稿》中，马克思以经济学和哲学为切入点对劳动进行了抽象的人本主义解读，但此时的"抽象"的劳动是建立在唯物主义基础上的本体论意义上的劳动。随后，马克思对劳动进行了历史的、具体的分析研究。

马克思指出："人的本质不是单个人所固有的抽象物，在其现实性上，它是一切社会关系的总和。"劳动的实质是有目的的改造世界的生产实践活动，正因为这种生产实践活动必然表现为社会性，人的本质就表现为社会性。通过劳动，人与自然、人与社会建立了广泛的联系,为意识形成和发展提供了素材,为语言的形成提供了来源。人的本质是社会关系的总和,而社会关系的形成则是人们在劳动的过程之中形成的,人们经过劳动建立起了广泛的经济关系、政治关系、法律关系、宗教关系等。因此,劳动不仅创造出了人特有的生物特性,也创造了人特有的社会属性,人的本质是一切社会关系的总和的论断与劳动确证人的本质具有内在致性。

二、劳动推动人类社会的进步和解放

马克思恩格斯立足于历史唯物主义,阐明一切社会生活都是建立在满足人的吃喝住穿的物质生活需要之上,证明人类的历史是生产劳动的历史,劳动不仅推动人类社会进步,而且将成为人类获得解放的途径。

第一,生产力与生产关系的矛盾运动推动人类社会的进步。生产力指的是劳动者在劳动过程中借助一定的生产工具、运用一定的劳动手段改造自然的能力。生产关系指的是人们在劳动实践的过程中,形成的相互联系的社会关系,包括生产过程中形成的生产、分配、消费、交换等各种关系。其中,所有制关系和分配关系是生产关系中最重要的关系。马克思恩格斯把社会关系定义为"人与人之间的关系",生产关系是社会关系的重要组成部分,也是主导的关系。马克思恩格斯提出了生产关系一定要适应生产力发展的要求、生产关系对生产力具有反作用力的规律的理论。基于生产力和生产关系的矛盾运动,马克思恩格斯通过分析指出经济基础决定上层建筑,上层建筑反作用于经济基础。他们认为:"不是意识决定生活,而是生活决定意识",他们把唯物主义贯穿于社会历史的研究之中,从而实现了认识论上的历史性的转折。马克思恩格斯揭示了生产力、生产关系、上层建筑三者的关系,认为生产力发展水平决定了物质生产方式,进而决定了社会生产关系,这是理解整个历史的基础。从生产关系出发形成了与之相适应的社会制度和意识形态,同时这些上层建筑也对生产力和生产关系具有反作用。生产力和生产关系的矛盾运动,具体表现在不断推动着人类社会形态的演进。马克思恩格斯根据人们所处的社会关系，将人类社会划分为，人的依赖性社会、物的依赖性社会和个人全面发展的社会。

在前资本主义社会阶段，个人表现为不独立，从属于社会共同体之中。个人在共同体内的地位处于自由与依附、支配与被支配的关系。因为，"人的生产能力只是在狭小的范围内和孤立的地点上发展着"。随着生产力的发展，旧的生产关系与生产力发展水平已经不相适应时，社会形态向"以物的依赖"的社会形式发展，也就是资本主义社会形式，建立起了资本主义雇佣制度。这种制度表面上公平，但实质只是由对人的依赖转变成了对物的依赖，作为底层的工人仍然摆脱不了被当作机器的奴隶的命运。只有在生产力高度发展的共产主义社会，人才能实现自由而全面的发展，生产关系呈现完全的平等，生产关系能完全适应生产力的发展要求。社会成员之间也不存在对人的依赖和对物的依赖，而是完全处于自由平等的关系。

第二，通过劳动将实现人类的解放。马克思考察发现"工人生产的财富越多，他的产品的力量和数量越大，他就越贫穷。"而且人们普遍厌恶劳动，在生产劳动中人们像躲避瘟疫一样躲避劳动，这显然有悖于劳动的本真，马克思把这种劳动称之为"异化劳动"。异化劳动使人自己的身体，同样使在他之外的自然界，使他的精神本质，他的人的本质同人相异化。

在资本主义社会，异化劳动普遍存在，劳动表现在人同自身的关系上、人同自然的关系上、人同人的关系上的异化。异化劳动给劳动者带来的压迫显而易见，"他在自己的劳动中不是肯定自己，而是否定自己，不是感到幸福，而是感到不幸，不是自由地发挥自己的体力和智力，而是使自己的肉体受折磨、精神遭摧残。"异化劳动给自然界带来严重的破坏，资本主义为了追求利益，造成了人与自然之间的对立和背离。异化劳动使人与人的关系遭到破坏，"当人同自身相对立的时候，他也同他人相对立。"在资本主义社会，随着生产力的发展，资本主义私有制条件下的阶级对立将达到顶点，消灭私有制，建立共产主义就成为必然的历史结果。

共产主义是社会发展的合乎逻辑的结果。

三、教育必须与生产劳动相结合

马克思指出教育与生产劳动相结合是大工业生产发展的必然趋势。唯物史观认为生产方式制约着整个社会的生活，同样也制约着教育和生产劳动的相互关系。在资本主义大工业生产以前，生产力水平相对低下，学校不需要对劳动者进行专门的劳动教育，生产劳动的经验和技能通过师徒制或者父传子的形式世代相传。学校教育是为脱离直接生产劳动的阶级而服务的，不需要与生产劳动相结合。在资本主义社会之前，学校教育与生产劳动相分离，既有生产力水平低下的原因，也有阶级对立的原因。随着资本主义的发展，进入工业社会以后，资本主义的生产方式需要大量懂技术的工人，因此，只有教育与生产劳动相结合，才能使"工人尽可能多方面的发展"，造就"可随意支配的人员"和"全面发展的个人"。正是在资本主义大工业发展的背景下，马克思主义的教育与生产劳动相结合的思想被提出来了。

马克思在《哥达纲领批判》中指出："生产劳动和教育的早期结合是改造现代社会的最强有力的手段之一。"马克思所谓现代社会指的是资本主义社会，教育与生产劳动结合之所以能够改造资本主义社会，因为这种结合能够保护工人阶级的后代提高他们的思想觉悟和劳动技能。机器的使用给妇女和儿童身心健康带来了严重损害，他们沦为"资本积累的简单工具"。强调教育与生产劳动相结合就是开发他们的智力，使工人"不受现代制度破坏作用的危害"，"把工人阶级提高到比贵族和资产阶级高得多的水平"，无产阶级接受教育将成为改造资本主义社会的强大力量。同时，教育与生产劳动相结合有助于消除旧的分工，正如马克思指出的那样："一种历史生产形式的矛盾的发展，是这种形式瓦解和改造的唯一的历史道路。"资本主义的工业技术是时代发展的产物，是不断发展的，因此，马克思指出："现代工业从来不把某一生产过程的现存形式看成和当作最后的形式。因此，现代工业的技术基础是革命的。"教育与生产劳动相结合可以促进生产力的发展，有助于消灭原来的分工并推动资本主义社会生产的矛盾发展，是推动资本主义向社会主义过渡的一项重要措施。

教育与生产劳动相结合可以提高劳动者的素质，进而提高社会生产力。劳动过程是由生产资料、生产对象、劳动者三个部分组成。一定社会条件下的生产力水平，生产资料和劳动对象相对是不变的，但是劳动者的素质却可以获得较快的提升。因此，生产力水平的发展，劳动生产率的提升，有赖于劳动者素质的提高。教育可以有效地提升劳动者的能力，因此，"工人要发挥一定的劳动能力，要改变他一般的天然才能，使其能够完成一定的劳动，他就得受训练和学习，也就是必须受教育"。随着大工业的进一步发展，科学技术在生产力中的发展作用越来越明显，智力因素的作用越来越得以凸显。恩格斯在考察英国大工业生产发展状况后指出，几乎包括工业在内的所有工作都需要相当的文化程度。恩格斯指出，在消灭私有制以后，将工农业水平提高到高度水平，"单靠机械的和化学的辅助工具是不够的，还必须相应地发展运用这些工具的人的能力"，也就是说提高生产力水平需要通过教育与生产劳动相结合提高劳动者的劳动能力。

教育与生产劳动相结合是造就全面发展的人的唯一方法。马克思恩格斯汲取了约翰•贝勒斯、卢梭、欧文等人的合理思想，提出了自己独特的教育与生产劳动相结合的思想。马克思指出："现代工业吸引男女儿童和少年来参加伟大的社会生产事业，是一种进步的、健康的和合乎规律的趋势，虽然在资本主义制度下它是畸形的。"马克思恩格斯从社会发展和工人阶级的角度指出必须摒弃资本主义对儿童的摧残和剥削，以保护和培养工人为出发点实行教育与生产劳动相结合，"最先进的工人完全了解，他们阶级的未来，从而也是人类的未来，完全取决于正在成长的工人一代的教育。"可见，马克思把教育与生产劳动相结合视为推动社会发展的关键因素之一，视其为改造社会的最有力手段之一，也是培养全面发展的人的根本途径和方法。随着社会的发展，现代社会对劳动者的生产技能和文化水平要求逐步提高，劳动者的素质决定了一个国家的发展水平与潜力，证明了马克思主义的教育与生产劳动相结合理论的科学性。由于历史条件的限制，马克思恩格斯没有具体论述社会主义条件下教育与生产劳动相结合的细节，但却给我们指明了教育的方向，奠定了劳动教育的理论基础。

四、倡导具有共产主义性质的劳动态度

唯物史观的创立使马克思恩格斯的劳动思想具有了现实的意义和内涵，劳动价值论和剩余价值理论的创立，深刻地揭示了资本主义劳动的本质和矛盾，为社会主义和共产主义的劳动指明了方向。但是由于马克思恩格斯所生活的时代，还没有真正建立起社会主义社会，所以马克思恩格斯对社会主义和共产主义的劳动只是做了科学的构想。列宁生活在社会主义建立和发展的时代，列宁探索了共产主义性质的劳动态度，倡导广大人民群众逐渐形成共产主义性质的劳动态度。

列宁认为异化劳动是由于资本主义生产资料私有制造成的。所以，无产阶级革命胜利以后，只有采用无产阶级专政，实行生产资料全民所有制，才能实现对劳动的彻底改造。在共产主义社会里，由于消灭了剥削的基础，社会生产力高度发展，劳动将是自觉的、享受的，为自己而进行的活动，人们通过劳动获得发展。但是，列宁也指出，从推翻资本主义到实现共产主义，由于生产力还没有达到共产主义水平，需要一个很漫长的社会主义过渡时期。在这个过渡时期，劳动成果将实行"按劳分配"，这种分配方式将极大地提高劳动者的生产积极性，促进生产率的提高。

因此，列宁提倡开展劳动竞赛。列宁认为："组织竞赛在苏维埃政权的经济任务中应当占有显著的地位。"列宁驳斥了资产阶级经济学家认为社会主义国家否认竞赛的说法，因为竞赛在资本主义国家里是各个生产者争夺利益和市场的一种特有形式，但在社会主义国家中，由于消灭了生产资料私有制，这种个人利益的争夺已经消除，竞赛可以提高生产效率，提高人民的生活水平。列宁强调："我们开始社会主义改造的时候，应该给自己清楚地提出这些改造归根到底所要达到的目的，即建立共产主义社会。"随着物质文化的发展，将实行"各尽所能，按需分配"的分配原则。列宁从社会主义现实的角度，探索了社会主义劳动的性质和特点，制定了一系列的政策和法令，将马克思恩格斯关于社会主义的劳动认识推进到了实践层面。

依据马克思对共产主义的定义，社会主义属于共产主义的低级阶段。在探索了社会主义劳动之后，列宁认为社会主义劳动尽管与共产主义有许多不同，但是社会主义劳动具有共产主义劳动性质，并且具备向共产主义劳动发展的基础。因此，列宁鼓励人民树立共产主义性质的劳动态度。他认为，共产主义的劳动应该是完全为了社会利益而劳动不计个人得失和报酬，"这种劳动不是为了履行一定的义务、不是为了享有取得某些产品的权利、不是按照事先规定的法定定额进行的劳动。而是自愿的劳动，是无定额的劳动，是不指望报酬、不讲报酬条件的劳动，是按照为公共利益劳动的习惯，按照必须为公共利益劳动的自觉要求（这已成为习惯）来进行的劳动，这种劳动是健康的身体的需要。"但是，列宁对培养共产主义性质的劳动态度也有着清晰的认识，他认为培养共产主义性质的劳动态度需要具备一定的经济基础，并且群众需要具备高度的社会主义思想觉悟。这需要经历一个漫长的时期，需要经过思想斗争和教育。培养共产主义的劳动态度和精神比推翻资产阶级更困难。需要克服小资产阶级的利己主义思想。在社会主义阶段，共产主义性质的劳动不能作为普遍的规范要求人们加以遵守，需要在最有觉悟的人中提倡 . 在领导干部中提倡，利用榜样的示范作用带动广大人民群众逐渐形成共产主义劳动态度。

1919 年 5 月，莫斯科——喀山铁路工人发起了星期六义务劳动，列宁给予了高度评价，称颂星期六义务劳动是"共产主义的实际开端"。列宁赞扬星期六义务劳动是因为它体现了劳动的自愿性、主动性、创造性、无偿性、自由自觉等共产主义的劳动态度。列宁指出，"在无产阶级国家政权的支持下，共产主义的幼芽不会夭折，一定会茁壮地成长起来，发展成为完全的共产主义"。列宁对共产主义性质的劳动态度的探索是对劳动是人的第一需要在实践层面的进一步深化和发展。

此外，列宁发展了马克思的教育与生产劳动相结合的思想，非常重视对学生的劳动教育。显然，列宁已经认识到在实现生产资料公有制改造后作为刚刚建立的社会主义国家的主要问题是劳动生产率亟待提高。只有劳动者不断提高科学文化知识和劳动技能，才能提高劳动生产率，满足巩固政权和人民群众受教育的需要。

第二节　苏联教育家的劳动教育思想

在社会主义社会条件下，苏联继承和实践了马克思、恩格斯关于教育和生产劳动相结合的思想，不仅学校劳动教育建设取得众多成果，还产生了许多著名的劳动教育思想，如克鲁普斯卡娅、马卡连柯、苏霍姆林斯基等教育理论和实践家的劳动教育思想。苏联的劳动教育思想具有鲜明的意识形态性，带有明显的集体主义色彩。其强调学校劳动教育是为无产阶级大众服务的，应引导学生为了集体而劳动、在集体中劳动、通过集体劳动。苏联的劳动教育思想对新中国劳动教育的理论构建和实践发展起了奠基作用。

一、克鲁普斯卡娅的劳动教育思想

克鲁普斯卡娅是苏联杰出的教育理论家和实践家，十月革命胜利后，其担任苏维埃国家教育部门的主要负责人，直接参与了苏联学校创建、教育教学大纲制定、教科书编订等工作。她继承和发展了马克思、恩格斯和列宁关于教育与生产劳动相结合的思想，撰写了《论社会主义学校问题》《国民教育和民主主义》等书，全面分析了苏联教育的相关问题，对劳动教育与综合技术教育进行了深入的理论研究和实践探讨。其一，社会主义学校教育的目的是培养全面发展的人。克鲁普斯卡娅认为资产阶级的学校"就是损害工人阶级利益的一种工具"，工人阶级的学校才是"改造现代社会的工具"。在工人阶级的领导下，学校教育应培养全面发展的人，使他们在实践中从事各种脑力劳动和体力劳动。为了达到培养全面发展的人的目标，克鲁普斯卡娅强调把学校办成劳动的学校，而不仅仅是读书的学校。组织学生参加生产劳动，引导他们通过劳动"改造整个社会"，是社会主义学校的要求。其二，儿童必须接受系统的劳动教育。克鲁普斯卡娅提出社会主义国家不需要游手好闲的少爷，学校要"要让儿童从小参加一定的劳动，受系统的劳动教育"，进而教会儿童生活和劳动的本领，培养其劳动技能和劳动观点。她认为学校劳动教育的实施要立足学生的年龄特点和接受能力，曾提出一年级到十年级的劳动教育设想。学生在一、二年级时，主要进行游戏和自我服务；到了三、四年级，学生要适当参与生产劳动；到了五至七年级，学生应进入实习工厂劳动；八至十年级，学生应与成人一起参加工厂（或农场）劳动。其三，发展综合技术教育。在大工业生产条件下，克鲁普斯卡娅强调劳动教育要具有综合技术教育的性质。她认为在科学技术高度发达的时代，只有受过综合技术教育的工人，才能满足工业发展的需求。综合技术教育的目的是"培养一代新人，这些人既是生产工作者，又是生产的真正主人"。因此，要通过综合技术教育引导青少年了解整个生产状况，研究整个生产部门，使学生理解劳动过程，发展把理论和实际联系在一起的能力。而且，应引导儿童树立现代技术理想，以各种途径培养青少年对技术的兴趣。其四，强调在社会公益劳动中培养学生的集体主义精神。克鲁普斯卡娅是苏联少年先锋队的组织者，她强调培养儿童热爱祖国和劳动人民的品质，是少先队工作的重要使命。克鲁普斯卡娅认为"儿童的个性只有在集体中才能得到最充分、最全面的发展"。故学校应安排好儿童的集体生活，培养其对集体的责任。而且，少年先锋队的主要工作应当是为大家谋利益的集体劳动，应动员和组织学生参加社会公益活动，如保持公共场所的整洁、帮助图书馆整理书籍、保护集体农庄的庄稼等。克鲁普斯卡娅强调公益工作是"培养集体主义精神和社会责任感的方法"。

二、马卡连柯的劳动教育思想

马卡连柯是 20 世纪苏联著名的教育理论家、实践家、革命家，其教育理论是一个全面、系统而完整的体系。其中，他的集体教育、劳动教育、家庭教育理论尤其是劳动教育思想对苏联和其他社会主义国家的影响深远。研究马卡连柯的劳动教育思想，对我国更好地开展劳动教育具有极其重大的意义。

1. 重视对学生进行劳动教育

马卡连柯认为对学生进行劳动教育是十分必要和重要的，主要体现在以下两个方面。

一是劳动教育有益于学生劳动能力的提升。马卡连柯指出"斯达汉诺夫式"的工作者是具有极强劳动能力的工作者。"斯达汉诺夫式"的工作者是指从事社会主义劳动和获得社会主义成就的人；是会参加社会劳动，即"很少依赖自己的筋骨，而是应用材料和工具配置的新方法、应用新的设备和新的工作方法获得自己的成功"的工作者。培养"斯达汉诺夫式"劳动者的重要途径是学校的劳动教育。马卡连柯指出，学校的劳动教育既包括体力劳动教育又包括脑力劳动教育。从一定意义上讲他更加强调学生的脑力劳动教育。

二是劳动教育有益于学生劳动品质的培养。马卡连柯认为，完善的劳动品质是指在劳动中对集体具有责任心和义务感，热爱劳动，珍惜个人与他人的劳动成果，关爱集体关爱他人的品质。马卡连柯指出，学校劳动教育是完善学生劳动品质的有效途径，"人的劳动品质表现为人在道德上和精神上的发展，这种精神发展是由和谐劳动产生的，它应当构成无阶级社会公民区别于阶级社会公民的那种人的特质"。学校劳动教育使学生在集体中劳动，"可以培养同志的关系，即培养一个人对其他的人应有的正确态度，这就是一种道德修养"。这种正确的态度是一种道德的态度，即"对一切劳动者保持亲属般的爱护和友谊，对懒惰分子和躲避劳动的人表示愤慨和谴责"。也就是劳动教育既增强了学生对劳动集体的责任感，又使学生热爱他人，从而形成了正确的劳动态度和完善的劳动品质。

2. 主张学校是学生劳动教育的主要场所

马卡连柯一直主张学校是劳动教育的主要阵地，在整个苏维埃教育中不仅要注重学校劳动教育，而且要强调这种劳动教育必须是科学的。他把"前景教育理论"和"平行教育理论"应用于劳动教育之中，取得了可喜的成绩。

（1）学校劳动教育与前景教育

马卡连柯认为把学校作为对学生进行劳动教育的主要场所，关键要对学生进行"前景教育"。这里所说的"前景教育"是指"为了使集体不断发展、巩固、永葆青春活力，就要在集体面前不断提出新的任务，向集体展示出一个又一个的前景，把集体引向为新任务而作的斗争，鼓励集体在追求美好前景中不断前进。否则集体就会停滞不前，其成员也将丧失前进的信心和动力"。

（2）学校劳动教育与平行教育

马卡连柯认为学校作为劳动教育的主要场所，要对学生进行平行教育。所谓"平行教育"是指"教育儿童集体与教育个别儿童是同时进行的，教育集体时，不能忘记教育个人，在教育每个集体成员时，也同时教育着集体，即学生既从教师那里获得教育，又从集体中受到教育，教育集体和教育个人这两个任务是密切联系的"。马卡连柯的"平行教育"理论强调在劳动教育过程中把集体作为教育对象，以集体为媒介，在教育集体的同时达到教育个人的目的。马卡连柯认为集体和个人之间是密不可分的，集体是"具有共同目的的个人集合体"，是"一个纪律严明、生动活泼、用友谊的纽带紧密联系起来的集合体"，集体里同学之间的关系"不仅仅用友谊来维系，而是以工作中的共同责任，以共同参加集体工作来维系的"。在劳动教育中学生通过自我教育和同辈间的相互教育不断改正缺点取得进步，使集体永葆青春活力。

马卡连柯在劳动教育中针对集体中的每一个人，而不是针对个别的人进行教育，体现了教育者对受教育者的高度尊重与信任，在朋辈的帮助下，使有某种不良行为习惯的同学充分意识到自己的错误，加以改正，并引起集体中没有这种不良行为习惯的同学的注意，使其不再犯同样的错误，从而培养出真正的集体主义者。

3.强调家庭是学生劳动教育的重要辅助

家庭劳动教育问题是马卡连柯劳动教育思想体系的重要组成部分之一。马卡连柯是苏联第一个建立家庭劳动教育理论的教育家。他认为家长在劳动中的引导是必要的，家长在对孩子进行劳动教育时方法一定要科学。

（1）方法要巧妙

马卡连柯认为家长对学生进行劳动教育时一定要注意方法的运用。好的方法能够使劳动教育起到事半功倍的效果；反之，不但不会达到应有的结果，还会导致家长与孩子之间出现各种矛盾和摩擦，使孩子躲避劳动任务。马卡连柯认为请求、吩咐的方法是最好、最缓和，也是最常用的方法。家长长期恰当地运用请求、吩咐方法，能够使儿童产生强烈的劳动意愿，养成良好的劳动习惯，学校再对他们进行劳动教育时就会更加顺利。

家长运用请求、吩咐的方法应依情形而定。当孩子对学校的学习任务的必要性不够了解和兴趣不高时，可以运用这种方法。家长应该这样说"我对你有个请求。虽然这很困难，虽然你还有其他的各种事情……"在这种情形下，儿童会觉得执行请求是出于本身的充分自愿，会认真完成学校的学习任务，在家长的辅助下，加快了学校劳动教育的进程。但当家长对于孩子是否高兴完成他们的请求没有十足的把握时，就应该运用吩咐的方法。如果家长从小就对孩子进行劳动教育，那么学校的劳动教育一定会收效颇丰。

请求和吩咐的教育方法是针对具有劳动自觉性的儿童而言的，对于懒惰的儿童，马卡连柯提醒家长应把着力点放在如何逐渐引导儿童习惯劳动、激起儿童的劳动兴趣上。家长往往对懒惰的儿童采取简单的强制的办法，马卡连柯反对家长这样做，他认为这样做的后果只会使儿童躲避劳动任务，对家庭学校劳动教育都极为不利。

（2）劳动强度要适度

家长对学生进行劳动教育，劳动强度的考量也是极其重要的。在学校劳动教育中，教育者会根据学生的实际情况安排适度的劳动任务。"在儿童入学的时候，学校使儿童担负了相当多的家庭作业，不消说，这些作业应该是最主要、最不可延缓的工作"。家长应该使儿童懂得"在学校的工作里，他们不仅完成个人的职务。而且完成社会的职务；他们在学校工作的成绩上，不仅对父母负责，而且也对国家负责。"家长要充分发挥自身对学校劳动教育的辅助作用，当然家长也不能让孩子仅仅注重学校的工作，而忽略家庭的劳动任务，因为"把学校的工作这样特殊化了是非常危险的，这样会引起儿童对自己家庭集体的生活和工作的十分轻视的态度"，所以马卡连柯指出家长要想更好地辅助学校开展劳动教育，分配任务时要从实际出发，不给孩子分配家庭工作或分配的劳动任务太简单或太困难都不利于孩子正确的劳动态度的形成。正确的做法是"不应该使儿童负担过多的工作，父母的劳动任务跟儿童的劳动任务不应该有显然的差别"。分配给孩子力所能及的工作，困难较大的任务，父母可以和孩子协作完成，使孩子在顺利完成劳动任务中体验劳动的快乐和满足感，从而不会使孩子产生厌恶劳动的消极情绪和轻视劳动的错误观点和态度。

三、苏霍姆林斯基的劳动教育思想

苏霍姆林斯基的劳动教育最终旨在培养身心和谐全面发展的能为社会创造物质财富的合格公民。成为合格公民意味着个人不仅要具有进行公民生活的实际能力，还意味着个人具备相应的各方面素质。这就要求劳动教育在提升劳动素养的同时，还要提升学生的智力素养、道德素养、审美能力等。苏霍姆林斯基指出："全面发展，就在于受教育者智力的、情感的和意志的力量，与他对于从事一定种类的劳动活动和获得技能、技巧的意向高水平的结合之中。"苏霍姆林斯基继承和发展马克思主义有关劳动和教育的思想，马克思认为劳动是人所独有的、自觉的对象性活动，是人的生命表现和证实的一种方式。马克思指出："社会化的人，联合起来的生产者，将合理地调节他们和自然之间的物质变换，把它置于他们的共同控制之下，而不让它作为一种盲目的力量来统治自己；靠消耗最小的力量，在最无愧于和最适合于他们人类本性的条件下进行这种物质变换。"马克思认为："动物只是按照它所属的那个种的尺度和需要来构造，而人却懂得按照任何一个种的尺度来进行生产，并且懂得处处把固有的尺度运用于对象上去：因此，人也按照美的规律来建造。""动物无法在对象性活动中认识自身的力量，而人则可以将自然界看作自己的认识和改造的对象，在活动中将自己的主观意识对象化，这种实现个人主体性的活动就是劳动。马克思认为教育和生产劳动相结合是培养人全面发展的唯一方法，人的全面发展就在于人的劳动能力的全面发展。

苏霍姆林斯基认为："劳动和劳动教育，是不能与学习、道德的培养相提并论的。劳动，这是渗透一切，贯彻一切的东西。"他指出："全面发展的人是由我国社会主义成员在劳动中、创造性活动中、精神财富的交流中和日常生活中的相互关系所依据的道德规范来培育的。"劳动教育不仅是发展学生各方面的素质的手段，还使各方面素质在劳动中得到表现，统一于高度的劳动素养之中。劳动是最具有智慧的教育手段，在劳动教育开展过程中尤为重视劳动的对象化性质，学校创造性劳动使学生在创造性劳动中投射进去智力品格，社会教育劳动通过公益性的劳动使学生投射进去道德品格。而学生在各种形式的对象性劳动中因注入个人的内在本质力量，进而发展内在禀赋和潜能。他指出："当学校里由于劳动、由于人在劳动中表现自己而使思想占统治地位的时候，教育者才能达到真正的和谐的教育。只有学校里有一个'思想的王国'的时候，学校才能成其为学校。"

1. 全面发展学生素质

苏霍姆林斯基注重通过劳动教育提升学生的道德素质，即促使学生形成集体主义精神，养成重视集体利益、尊重普通劳动和劳动人民的态度。苏霍姆林斯基指出，"对普通劳动者的态度是衡量学生共产主义劳动态度的'试金石'"，个人内心对集体利益的关切程度是学生公民道德成熟的关键。学生在劳动中能够深刻地认识到为共产主义事业奋斗就寓于普通平凡的劳动之中，个人所享受的一切社会福利都是劳动创造的，体验到劳动集体中的新型社会关系，体会个人的创造的巨大物质成果对于集体的作用，从而养成共产主义的劳动态度。苏霍姆林斯基注重通过劳动教育塑造学生的智力品格。帕夫雷什中学学校创造性劳动包括认识性体力劳动和复杂生产劳动，其均借助于一定形式的创造性劳动，让学生通过在劳动中运用智慧，提升创造性劳动素养，提升脑力劳动素养。苏霍姆林斯基还将学习作为一种脑力劳动，对学生进行思维训练，使学生在课桌前保持积极的思维状态，形成良好的脑力劳动习惯。苏霍姆林斯基指出："如果所学学科的内容本身不能直接激发学生从事具体的劳动，那么教师的重大责任在这种情况下就是，使脑力劳动本身能培养学生热爱劳动的品质。"苏霍姆林斯基注重劳动教育提升学生的审美能力。苏霍姆林斯基认为劳动才能成为学生精神生活的内容。劳动能给少年营造观察自己和周围世界的条件，使少年能够体验到运用知识和技能的快乐，从而极大提升自我意识。少年在劳动中进行自我表现、自我肯定，能够激发个人参与到改造世界的活动中，形成崇高的情感动机，形成热爱祖国、热爱乡土和劳动人民的审美情感。劳动还能锻造个人的理性审美能力，运用个人力量改变世界，精神世界获得愉悦和满足，形成理性审美能力。

2.和谐发展学生身心

苏霍姆林斯基在开展劳动教育中，还力求使学生在智力品格、道德品格、审美品格、未来的职业能力全面得到提升和劳动素养得到一定的发展的基础上身心和谐发展。人的各方面是相互联系的，在劳动素养提升的基础上统一起来，就将成为和谐发展的人。苏霍姆林斯基在《帕夫雷什中学》中指出："要实现全面发展，就要使智育、体育、德育、劳动教育和审美教育深入的互相渗透和相互交织，使这几个方面的教育呈现为统一的完整过程。""劳动教育是和谐教育理论的基础，其旨在促进各方面的发展的同时，在劳动中体现各方面的素养，实现身心和谐发展。正如苏霍姆林斯基所说："教育者的本领和艺术，在于他每时每刻能够清醒地把握住这种和谐发展的实质。一个共产主义新人，并非所有良好品质和特点的机械堆积，而是他们和谐结合的统一体。""帕夫雷什中学的劳动教育在和谐教育理论中具有独特的地位，不仅是作为和"四育"并列的一种教育形式，而且还在统一"五育"，促进人的和谐发展中扮演者"灵魂性"的角色。使"五育"紧密交织在一起，最终使个体在劳动中实现个性的自由发展，劳动素养得到全面的提升，成为具有创造性才能和具有集体主义精神的全面和谐发展的社会公民。

第三节　西方教育理论中的劳动教育思想

近代以来，中西文化交流频繁，中国教育的发展受西方教育理论的影响较大。法国卢梭的"自然主义教育"、英国斯宾塞的"科学教育"、美国杜威的"实用主义教育"、瑞士皮亚杰的"建构主义"等都对中国的教育改革产生深远影响。劳动教育是一项综合育人实践活动，涉及方方面面的内容。西方教育理论为中国劳动教育的发展提供了方法论视角，是劳动教育理论的有益补充。

一、自然主义教育理论

自然主义教育理论萌发于古希腊，发展于近代社会，是贯穿西方教育史的"红线"。其主要立足"人的自然本性"，探讨"人的自然发展和教育问题"，进而揭示"人的发展和教育活动的本质"。在时空的流变中，自然主义教育理论经过许多历史演绎，不同的学者基于不同的角度阐释这一理论。有学者将其发展历程总结为"客观化自然教育思想、主观化自然教育思想、心理化自然教育思想、生长论自然教育思想"，也有学者将其概述为"基于有机论的自然教育观、基于机械论的自然教育观、基于进化论的自然教育观"。自然主义教育的发展反映了人类在追求教育本真过程中所作的积极探索，其涉及的很多理论问题对今天的教育实践，特别是对劳动教育的发展有着很强的理论意义和方法论价值。

自然主义教育理论的发展可追溯到古希腊的"效法自然"教育原理。古希腊百科全书式的思想家亚里士土多德认识到人的发展变化源自于他的自然本性，故"教育要适应人的自然发展"。而且，教育适应儿童本性的发展是有顺序的，因为在他看来，人本身经历着身体的发展——非理性部分的发展——理智的发展过程，这也是人的灵魂从低级、中级到高级的过程，最后呈现人之为人的特性。因此，教育要遵循儿童的自然进程，首先是锻炼健康体魄的身体训练，其次是养成良好习惯的品格教育，最后是发展理性思维能力的理智教育。在很大程度上，亚里士多德的"效法自然"教育原理反映了教育客观规律，为此后夸美纽斯、卢梭等进一步发展自然主义教育理论奠定了基础。

17世纪捷克杰出教育家夸美纽斯继承和发展了古希腊教育思想。在其代表作《大教学论》中，夸美纽斯深化了"自然教育"理论深度，强调教育的重心是模仿自然界及其法则，拓展了客观化的自然主义教育。但伴随文艺复兴和启蒙运动的推进，人的主体意识不断觉醒。在教育实践中重视人的价值，成为时代发展之需。自然主义教育理论中的"客观自然"取向开始转变为"主观自然"取向，其中的关键人物便是18世纪法国伟大的启蒙思想家、哲学家、教育家、文学家让·雅克·卢梭（1712—1778）。卢梭是启蒙运动最卓越的代表人物之一，他提出的"自由、平等、博爱"超越时空，成为人类迄今仍在追寻的理想。在教育领域，卢梭是文艺复兴以来教育思想之集大成者，他不仅继承了夸美纽斯的"适应自然"原则，而且创立了以儿童为本位的"人本化"论证方式，引发了教育史上"哥白尼式"的革命。卢梭认为"自然"是指儿童"内在的自然"及发展的自然进程。他赋予了自然主义教育人本化的内涵，提出"大自然希望儿童在成人以前就要像儿童的样子"。

卢梭还把劳动看作是自然主义教育的手段，提出了较为系统的劳动教育思想。在欧洲封建社会里，社会阶级分化极其严重，特权阶级通过压榨平民阶级奢靡享受，但贫苦百姓劳而不得温饱。卢梭深刻批判这种社会现状，倡导建立"自由、平等、博爱"的理想社会。他认为劳动是社会上人人应尽的义务，不论贫富强弱，并提出劳动不是令人羞耻的事。卢梭自然主义教育思想把劳动看作一个重要的教育手段。具体而言，卢梭主要倡导通过劳动教育改变长期以来社会对体力劳动的偏见。在古希腊时代，亚里士多德把人类活动概括为沉思、实践和创制三个等级。其中，以探索事物本质为主要目的的"沉思"为最高等级，生产物质生活资料的"制作"，是奴隶所从事的活动，人类最低等级的活动。劳动代表着卑贱和不自由，这些思想甚至影响了漫长的黑暗的中世纪。卢梭在批判的基础上，强调以劳动教育改变社会对劳动的错误认知。他认为，劳动教育重要的不在于学会某一行业的技能，而在于克服鄙视劳动的偏见。此外，卢梭还重点阐述了劳动在智育、德育和美育中的作用，如何选择劳动教育的内容，劳动教育的方法，劳动教育的评价等。这些对今天劳动教育的理论和实践都具有重要的意义。

二、实用主义教育理论

19世纪末20世纪初，美国工业化和城市化进程加快，社会生活发生全面深刻的变化，也出现了一系列社会问题，如频繁发生的经济危机、愈演愈烈的农民和工人运动、规模浩大的进步主义运动等。而正如杜威所言，"现代科学、现代工业和政治已经给予我们大量的材料，而这些材料是与西方世界所最珍贵的理智遗产和道德遗产不相合的，时常是不相容的。这就是我们现代思想上发生窘困和混乱的原因"。在这个大转折时代，变革是教育领域的主题，因为"根本的情况已经改变了，在教育方面也只有相应的改变才行"。正是在此背景下，以杜威为代表的教育家们发展了实用主义教育思想。

杜威的实用主义教育思想主要对教育与生活、学校与社会、经验与课程等关系进行了系统分析。其一，杜威认为"教育即生活"，"教育即生长"，因此，教育的目的应蕴含于教育本身，以何种方法促进孩子的生长是学校教育的意义和标准。针对传统学校的弊病，杜威提出"学校即社会"，强调学校本身是微型社会，学生在这个微型社会中重体验成长，增长经验。其二，杜威主张教育内容心理化，关注儿童的生活经验。在教学论上，杜威主张"从做中学"、反对静听的传统教学方式。同时，他强调教学应该能唤起儿童的思维。虽然杜威的教学论存在着明显的不足，但是他提出的"如何做"和"如何思维"这两个命题给现代教育的发展提供了很多启迪。其三，在职业教育论和道德教育论上，杜威也分别提出了自己的观点。杜威基于广阔的社会背景来探讨职业教育，反对狭义的职业观和职业教育计划，其观点体现了时代的特色。无论是职业教育论还是道德教育论，都清楚地反映了美国资本主义社会的需要。其四，在儿童教育和教师观上，针对传统学校忽视儿童的问题，杜威强调学校生活以儿童为中心，但同时又主张教师是指导者和组织者，因为他认为教育过程是一个教师和儿童共同参与和互相合作的过程。

杜威的教育思想影响了许多国家教育的发展，尤其是中国。胡适是杜威实用主义教育思想最有力的传播者之一。他批判"读经""念死书"的传统教育，认为"吾国旧教育之大病，在于放弃官能之教练，诵读习字之外，他无所授"，并且信守和积极宣传杜威"教育即生活""学校即社会"思想。与此同时，另一个深受杜威教育思想影响的教育家陶行知在批判传统旧教育的基础上，构建了适合本土发展的系统的生活教育理论。"生活教育是给生活以教育，用生活来教育"，陶行知坚信"教育要通过生活才能发出力量而成为真正的教育"。

第四节　中华优秀传统文化关于劳动的思想

习近平总书记指出："我们决不可抛弃中华民族的优秀文化传统，恰恰相反，我们要很好传承和弘扬，因为这是我们民族的'根'和'魂'，丢了这个'根'和'魂'，就没有根基了。"中华民族自古以来就是一个勤劳的民族，勤劳是中华民族的优良传统，勤劳的中国人民创造了辉煌的中华文明史。继承辛勤劳动的传统美德也符合马克思主义劳动观与时俱进的发展要求。学习和借鉴中华优良传统文化关于劳动思想及劳动教育思想，有助于结合民族特点和中国实际开展新时代大学生劳动教育。

一、人生在勤，不索何获

中华民族以勤俭节约著称于世，也正因为崇尚克勤克俭的风尚。才使中华文明源远流长。中华民族很早就认识到辛勤劳动是立身之要，辛勤劳动是立民之本、立国之基。勤劳是一个人安身立命的重要基础和条件，古人强调"修身齐家治国平天下"，推崇通过勤奋学习和辛勤劳动以达到建功立业的人生目标。"头悬梁，锥刺股"便是古人刻苦学习的真实写照。无论是张衡还是苏秦、孙敬都通过刻苦学习获得了巨大的成就，用实践证明了勤学的重要性。古人不仅崇尚勤学而且讲求知行合一，荀子的《劝学》《修身》等篇章中多有论述。他指出："君子之学也。入乎耳，箸乎心，布乎四体，形乎动静。端而言，蝡而动，一可以为法则。小人之学也，入乎耳，出乎口，口耳之间，则四寸耳，曷足以美七尺之躯哉？古之学者为己，今之学者为人。君子之学也，以美其身；小人之学也，以为禽犊。"可见，学习的知识在于应用，而不是"入乎耳，出乎口"，与自己的行为不相干。这实际是对孔子"为己之学""为人之学"的阐发。孔子更是强调知行合一、善思重行，"学而不思则罔，思而不学则殆"表明思考和学习相互结合的重要性。可见，儒家十分重视勤学并且注重对知识的实践应用。传统的知识分子把修身、立业作为自己的天职，不图享受也是他们勤劳品质的体现。孔子曰："士而怀居，不足以为士矣。"古人对有志之士和君子的要求是珍惜时间，不虚度光阴、不贪图安逸，尤其对青年的要求更是殷切。汉乐府《长歌行》中有："少壮不努力，老大徒伤悲"，时至今日也用来激励青年人发愤图强早日建功立业。勤劳是立民之本、立国之基，只有全体人民勤劳，国家的管理者勤劳，才能使国家兴旺发达。"民生在勤，勤则不匮"反映了古代人民很早就认识到辛勤劳动对民生的重要性。人民只有辛勤劳动才能实现衣食无忧的生活。劳动是创造财富的源泉。墨家学派的创始人墨子认为不劳动是不道德的行为，应受人们的指责。墨子十分重视农业劳动，重视科学劳动，他创立的学派不仅在农业实践方面取得了重要成就，而且达到了中国当时科学技术的高峰。管仲是春秋时期法家代表人物，他指出"人惰而侈则贫，力而俭则富"。很好地诠释了立民之本在于勤，只有人民勤劳且节俭才能富足。中华民族五千年的历史很好证明了"历览前贤国与家，成由勤俭败由奢"的观点。凡是在中国历史上兴盛的时期，都是勤俭的朝代，如西汉文景之治、东汉光武中兴、隋朝开皇之治、唐代贞观之治、唐代开元盛世、清代康乾盛世等。开创盛世与繁荣局面不仅有像汉武帝、唐太宗、康熙这样的明君勤于理政，推行开明政策，也有像商鞅、诸葛亮、魏征、范仲淹等一批为国为民操劳的能臣、忠臣。孟子曰："上有好者，下必有甚焉者矣。"历代推崇勤俭的勤政者不但使国家兴旺富强，而且使勤奋的思想深入中华民族的血脉之中。

二、宁俭勿奢

勤与俭往往相伴而生。因为只有通过辛勤劳动去创造财富，才能懂得财富的来之不易，也才能更加懂得珍惜劳动成果。早在先秦时期，很多思想家倡导节俭，孔子尊崇周礼，反对骄奢、提倡节俭。墨子也有同样的观点，他提倡实用的主张，针对铺张浪费的社会现象予以批评。他提倡"节用"等主张。墨子指出："夫妇节而天地和，风雨节而五谷熟，衣服节而肌肤和。"充分肯定了节俭的作用，对于家庭而言，夫妻节俭，家庭和顺；对于四时而言，按照节气运行，则会五谷丰登；对个人而言，穿衣服有节制，可以保护肌肤。崇尚节俭、反对奢侈浪费是华夏民族的传统美德，古人对勤俭有着深刻的理解。俭可以养德、俭可以持家、俭可以治国。对于个人而言，俭可以养德，许多思想家把节俭作为个人的美德加以强调。《周易》有云："天地不交，'否'。君子以俭德辟难，不可荣以禄。"这一卦象指出厉行节俭可以避免灾祸。管子也有同样的观点，认为厉行节俭可以带来福祉，而骄奢可以带来祸患。诸葛亮认为："夫君子之行，静以修身，俭以养德。非淡泊无以明志，非宁静无以致远。"可见，节俭对于个人品质的培养具有重要的作用。对于家庭而言，勤俭可以使生活富足，古代生产力相对低下，而节俭可以使劳动成果发挥作用。勤俭引导人们形成正确的消费观念，勤俭的作风使人民能够满足日常需求，不断繁衍生息，成为指导人们节俭消费的优良传统。

对于一个国家而言，节俭可以达到治理国家的目标。节俭有助于国家财富的积累，有助于国家综合实力的增强。《尚书》中早已认识到节俭对于一个国家的昌盛起到至关重要的作用。孔子曰："道千乘之因，敬事而信，节用而爱人，使民以时。"司马迁说："盖闻治国之道，富民为始；富民之要，在于节俭。"可见节俭是治理国家，使人民生活富足的重要准则之一。崇尚勤俭的风尚在中华大地上长盛不衰，是由中华民族勤劳的品质所决定的。

三、天行健，君子以自强不息

艰苦奋斗是中华民族的传统美德，是劳动精神的体现。任何文化传统都有其哲学思想作为基础。自强不息的艰苦奋斗精神也有其哲学基础，"以人为本"是将人视为中心与根本的哲学思想。只有将人视为万物之灵，才能看到人的潜力与力量，将人的主观能动性激发出来。在处理宗教和人的关系中，中国很早就倾向把人作为根本，从西周开始，中国文化开始从以神为本转变为以人为本。《左传》中提到"天道远，人道迩"，表明天人相分离，更加重视人的作用。儒家学派也重视人的作用，孔子指出"未能事人，焉能事鬼？"重视人的本体作用是艰苦奋斗的基础，人可以充分发挥主观能动性，不屈从于外界的有限条件，通过自身的努力创造更加美好的生活。中华文化保留着艰苦奋斗的基因，《周易》有云："天行健，君子以自强不息。"说的就是君子需要不断奋斗以取得进步。老子曰："千里之行，始于足下。"可见，成就一番事业必须从一点一滴的小事做起。荀子曰："学不可以已。"同样表达了生命不息、奋斗不止的艰苦奋斗精神。朱熹也指出："学者自强不息，则积少成多；中道而止，则前功尽弃。"先贤对艰苦奋斗的理解不仅停留在个人修身的目标上，而且具有忧国忧民的情怀，他们一直以实现"天下大同"的梦想为己任，努力实现对美好生活的向往。

中华民族的发展史是一部奋斗史，在中国五千年的文明史中，无数仁人志士为实现国家的富强和民族的振兴而奋斗。在原始社会阶段，先民与天斗、与自然环境斗争，用自己的劳动创造了适合人类生存的环境，使得民族基因得以延续。

在文明的演进中，难免遇到挫折，但总有人站出来力挽狂澜。他们"先天下之忧而忧，后天下之乐而乐"，不畏艰险、勇敢拼搏，创造了灿烂辉煌的古代文明，使中华文明不至于像许多其他文明一样消失在历史的长河之中。涌现出许多艰苦奋斗的典型人物。比如，越王勾践卧薪尝胆、岳飞抗金、戚继光抗倭等事迹。毛泽东指出："我们民族历来有一种艰苦奋斗的作风，我们要把它发扬起来。"近代以来，中国共产党发扬艰苦奋斗的优良文化传统，在敌我力量对比悬殊，生存条件极为艰苦的情况下，依靠群众、自力更生，大力发展生产保证了党的革命事业的成功。带领广大人民群众团结一心，努力拼搏，经历从站起来、富起来到强起来的历史阶段，靠的仍然是艰苦奋斗的优良劳动传统。今天，中国正逐步走向世界舞台的中央，我们仍然要继续发扬艰苦奋斗的精神，在党的领导下，通过中国人民的辛勤劳动实现中华民族的伟大复兴。

四、夙夜在公

无私奉献的精神实质是为了实现某一事业或是理想而不计个人得失，无偿付出自己的劳动和一切利益的品质。其核心是处理个人与集体、社会的关系问题。无私奉献既是一个历史的范畴，也具有普遍价值。中华民族的无私奉献的品质来源于德性文化教育的结果。中国传统文化讲求通过自己的劳动实现"立德、立功、立言"，而"立德"是最大的人生成就。《周易》指出："敬以直内，义以方外。"说明为人要与道德准则相符合。儒家学派提出："志士仁人，无求生以害仁，有杀身以成仁。"可见，人们为了实现道德理想可以牺牲生命。儒家提出的"三纲领八条目"是君子致力于追求的目标，达到"至人无己，神人无功，圣人无名"的境界。正是由于千百年来的德性文化造就了中华民族无私奉献的品质，他们或忧国忧民拯救时世，或克己复礼超越功名，或争做圣人锤炼理想人格。

中华民族的奉献品质包括积极的入世精神、重义轻利的节欲观、追求理想人格的精神。在古代神话故事中，有女娲不辞辛苦炼石补天、神农氏尝百草等传说，还有大禹治水三过家门而不入的故事，都反映了人们追求积极入世、崇尚公而忘私、为民造福的无私奉献的品质。《诗经》强调"夙夜在公",《墨子》强调"举公义"。先秦诸子很多学派强调积极入世,强调辛勤劳动的奉献精神和品质。春秋"士"阶层的出现,不仅是个人谋生的手段,也反映了当时有识之士以天下为己任的责任感。孔子是当时的代表,他表示:"苟有用我者,期月而已可也,三年有成"。在孔子55岁的时候,他带领弟子周游列国,不辞辛苦,过着颠沛流离的生活。但是为了苍生,为了自己的社会责任,他没有丝毫怨言。墨家学派强调辛勤的劳作,提倡"摩顶放踵利天下,为之"的奉献精神。墨子利用自己的知识带领门徒亲自参加了阻止楚国攻宋的战争,反映了积极入世的奉献品质。法家也积极倡导用法的思想推动社会变革。重义轻利的节欲观是中华民族长期形成的品质。关于义利观有着长久的争论。以儒家为正统的代表观点是:"君子喻于义,小人喻于利。"荀子主张先义后利,墨子主张义利并重。董仲舒奉儒家思想为正统,他强调"正其谊不谋其利。明其道而不计其功"的义利观。及至宋明理学提出了极端的"存天理,灭人欲"的义利观。中华民族的重义轻利的节欲思想,渗透着一种看重整体利益的奉献精神,去除其维护封建统治的消极因素,是一种值得提倡的品质。中华民族往往将奉献精神与追求圣人的理想人格相统一,希望最大限度地实现自我、提升自我。把"圣人"的人格作为自己的行事准则。孔子的"君子"论、孟子的"大丈夫"论,无不渗透着成为"圣人"的目标。而要具备理想的人格。必须讲求奉献,因为只有在不断地为社会和他人作贡献的同时,才能实现自身的价值和践行道德的要求。古代仁人志士时刻践行着"杀身成仁""舍生取义""民胞物与"等思想,反映出一种时刻为民族、为国家、为人民奉献与实现理想人格相结合的精神。

此外,在漫长而悠久的中国教育史中,劳动教育一直受到思想家和教育学家的高度重视,提出了许多劳动教育思想,对今天的劳动教育仍然具有重要的借鉴意义。墨家重视劳动教育,墨子集中论述了劳动教育思想。墨子提倡辛勤劳动,指出:"赖其力者生,不赖其力者不生。"人与动物的区别是人有生产的能力,人通过自己的辛勤劳动可以获得生产资料。墨子在长期的劳动实践和教学中重视帮助获得实际本领的能力，高度重视科学和技术教育，说明墨子的劳动教育思想不仅是强调辛勤劳动还强调有技巧和创造性的劳动。"墨家的自然科学教育有很高的造诣，涉及数学、光学、声学、力学以及心理学等许多方面"。墨家是一个来源于劳动群众的团体，其劳动教育思想体现了尊重劳动人民、尊重科学技术的理念，在当时的历史时期是较为先进的教育理念。汉初，统治者吸取了秦灭亡的教训，实行休养生息的"黄老"政策，重视知识分子的作用，允许开办私学及私人收藏书籍，同时对人民的日常生活和生产活动减少了干预，人民的劳动热情和社会经济水平得以恢复。在西汉末期，著有专门的农业书籍《氾胜之书》，反映了西汉对劳动教育的重视，开创了中国关于农作物耕种专门论述的先例。东汉王充批判了董仲舒所倡导的神学化的儒学体系，从朴素的唯物主义观出发，提倡学以求知。王充指出："所谓圣者，须学以圣。"用实践检验真知。"事莫明于有效，论莫定于有证"。王充充分肯定了实践对于掌握真知的重要性。魏晋南北朝时期，由于社会较为动乱，朝代更替较为频繁，人们更加重视谋生的重要性。颜之推便从"利"的角度出发强调技能的重要性。他广采众家之长，在教育内容方面，除了书本知识外，还包括书、数、医等各种技艺。颜之推从自身的经历出发，重视农业生产教育，他批评士大夫不参加生产劳动，主张不仅要进行农业知识教育，而且要亲自参加农业劳动生产。明清时期，随着资本主义生产关系萌芽的产生，教育更加务实，崇尚经世之学，反对专制权威。这一时期，以黄宗羲为代表的浙东学派，以王夫之为代表的船山学派，以颜元为代表的颜李学派等派别，提出了教育与实践结合的观点，其中颜元的劳动教育思想最具代表性。他认为致知在于重复实践，人的认知是由行而得，即人的知识必须通过主观感受、思维与客观的实践活动相结合才能得到。强调重复实践的教育方法，就是必须通过自己亲身的实践才能获得真知，"习"是重复做，"行"是实践的意识。颜元的劳动教育思想是建立在唯物主义哲学观的基础上的，是中国古代社会劳动教育发展的高峰。

第三章

我国劳动教育的历史探索

劳动教育并非一成不变的，其自身是一个动态的、发展的概念，是社会生产力发展的自然历史过程的体现，是时代精神的缩影，发展是它的本质特质。其在历史发展过程中是不断变化的，并受时代性、阶级性和民族性以及文化所制约。价值取向是人们对劳动教育——这一人类社会所特有的实践活动或社会现象的功能的选择、肯定、凸显和强调。为实现各阶段劳动教育的目的，国家出台了相应的劳动教育政策，而不同时期的劳动教育的实施又折射出这一时期劳动教育价值取向。历史上不同取向下的劳动教育价值取向都有其特定的前提或目的，是个人或组织基于各自时代的不同背景、社会发展需要及现实目的而提出的。

第一节　雏形建设时期

新中国成立初期，《中国人民政治协商会议共同纲领》规定了建国初期教育的性质："中华人民共和国的文化教育为新民主主义的，即民族的、科学的、大众的文化教育。"而教育所要培养的是"为工农服务，为生产建设服务"的人才，这正是新民主主义教育建设的重心所在。这一时期，劳动教育在"为工农服务，为生产建设服务"的直接指引下，创建和发展。

一、劳动教育的直接契机：解决毕业生就业问题

新中国成立初期，随着经济和文化教育的发展，党和国家高度重视教育事业，中小学教育事业有了巨大的恢复和发展，据统计，1952 年底，小学在校学生已由1949 年的 2439.1 万人，增加到 5110 万人，学龄儿童入学率达到 49.2%；中学在校学生已由 1949 年的 104 万人增加到 249 万人，增长 140%，其中初中增长 168%，

高中增长 26%，到了 1953 年全国中学在校人数已较 1949 年增加了 185%，四年间高级中学毕业了 21.6 万人，初级中学毕业了 105.5 万人。然而，在教育事业欣欣向荣发展的同时，也出现了一些新的问题。由于当时现实条件的制约，以及教育事业缺乏计划性，小学发展过多，致使中小学毕业生的比例失调，结果到了 1953 年不能升学的人数猛增到 213.4 万人，其中 211.7 万是小学毕业生。当时的教育资源难以满足广大人民群众的现实需求，教育供求矛盾异常尖锐，只有一小部分毕业生可以继续升学，大部分应积极从事工农业生产劳动或其他建设工作。1954 年，全国约有 60% 即 23 万初中毕业生不能升学，约有 63% 即 209 万小学毕业生不能升入初中，需要走向社会，参加生产劳动。此外，新中国成立后尽管在校学生规模取得了令人瞩目的成绩，但是也存在对于旧社会学校教育中盛行的轻视体力劳动和工农劳动人民的剥削阶级思想缺乏深入、彻底的批判问题，导致劳动教育受到冷落。中小学毕业生一味要求升学、当专家、当干部，不愿意参加生产劳动，不屑当工人、当农民，也折射出中小学生普遍存在着轻视体力劳动、轻视工农的思想，"万般皆下品，唯有读书高"的封建思想残余依旧支配着数以万计中小学生的价值选择。全国范围内各类学校普遍实施的劳动教育在这一形势下应运而生。

总体而言，雏形建设时期的劳动教育的现实出发点是解决绝大多数高小、初中毕业生就业问题，强调的是教育和生产劳动相结合，无论是中小学还是大学毕业生，都必须积极参与工农生产劳动，成为有政治觉悟、有文化修养，为工农服务，为生产建设服务的社会主义的劳动者。同时，要求把劳动教育作为思想政治教育来抓，深刻批判认为"种地没出息""丢人""当工人何必还读书""工人太脏、太累、太不自由、太丢人""参加工农业生产没有前途"等错误思想。培养中小学生社会主义劳动观，牢牢树立劳动光荣、积极参与劳动的崇高信念，自觉地遵守劳动纪律，培养劳动习惯，特别是纠正历史遗留的轻视体力劳动、轻视工农体力劳动者的错误思想。

二、劳动教育的实施：开展生产技术课程和劳动实习

针对教育脱离生产劳动的弊病，这一时期劳动教育的实施，以开展中小学的劳动教育和生产技术课程为主要形式。为加快社会主义建设步伐，中共中央提出了向苏联学习的方针，"全面学习苏联"，在教育领域坚持"以俄为师"，积极学习苏联的经验。这一时期，我国积极借鉴苏联劳动教育的实施内容和途径，进行了教育改革。

1.生产技术课程的开展

新中国成立后，对于生产劳动技术课程地位的确定，1950年，教育部颁发的新中国第一个中学教学计划《中学暂行教学计划（草案）》和第一个小学教学计划《小学课程暂行标准初稿》中有相关内容的规定：在高中第2、第3学年开设每周1学时的与工农业建设相关的各种图样的绘制的"制图"；在"四·二制"小学要开设"劳作"课，各年级每周一学时。各年级分设"观察与研究""联系和制作"项目系列。"联系和制作"按"工艺部分"与"农作部分"排列。培养目标"使儿童从劳动生产中，获得初步的工农业生产知识和技术，以发展创造才能……"。1955年，国务院召开的全国文化教育工作会议上提出要在中小学有步骤地实施基本的生产技术教育（高小、初中应进行工农业生产常识的教学）。同年9月，教育部颁发《小学教学计划》和《关于执行小学教学计划的指示》，要求开始实施基本生产技术教育（综合技术教育）和加强劳动教育及体育，更完整地体现全面发展的教育方针。为此，增设了"手工劳动"课。并在《小学教学计划及关于小学课外活动的规定》中，把"生产劳动"作为一项内容。

2.开展课外劳动实习

与此同时，在中小学提倡适当开展各种形式的课外劳动活动。例如，1953年3月，教育部、共青团中央发出通知提倡在全国中小学中开展种植活动。1954年的《政府工作报告》、教育部颁发的《关于小学课外活动的规定》等一系列文件，在全国范围内开展了大规模的劳动教育。中小学，尤其是高小和初中毕业班开展了比较广泛的社会公益劳动，如慰问军属、铺桥修路、植树造林等。1955 年，共青团中央、教育部联合通知支持北京、江苏、辽宁等地少年儿童倡议的"小五计划"活动（如栽培植物、饲养动物、帮助农业合作社和家庭做事、帮助学校制作简单的教学实验用品、绿化环境和学校等），以及组织学生到工厂、车间、农村参观等，并且出现了一批参加生产劳动的青年先进人物和农业劳动模范。例如，当时山东省保育小学在每年的秋天，组织高年级学生缝被子，冬天组织学生打毛裤，春天组织学生栽树种花、绿化校园。此外，开展大扫除、洗刷墙壁、修路、慰问军属、护理小菜园等经常性劳动。1956 年，教育部颁发试行《中学实验园地工作暂行条例（草案）》规定：每个中学都应该建立实验园地，实验园地和农业生产实践相结合的原则进行工作。

三、劳动教育的思想："以俄为师"的理论底色

早在 1949 年 6 月 30 日，毛泽东在《论人民民主专政》中即明确指出："苏联共产党就是我们的最好的先生，我们必须向他们学习"。新中国成立后，时任教育部副部长的钱俊瑞在教育部召开的全国第一次教育工作会议总结报告中指出："以老解放区新教育经验为基础，吸收旧教育有用经验，借助苏联经验，建设新民主主义教育。""以俄为师"，学习苏联在当时不仅仅是教育的方向，甚至成为一种政治任务。

当时，教育领域以苏联为蓝本，积极学习凯洛夫教育学。劳动在苏联被严格地制度化和规范化在学校教育体系内实施，致力于扩大一般技术眼界，了解整个生产过程和一般的劳动技能，使学生将来能适应各种职业，提高职业的选择性。苏联的劳动教育在苏霍姆林斯基、马卡连柯、克鲁普斯卡娅等系统劳动教育理论阐释的基础上，注重劳动教育与思想政治教育、道德教育的紧密结合，主张劳动与教育的真正统一。苏联的劳动教育体系重视系统化的科学知识的学习，重视学生在劳动过程中的指导作用，系统化地进行课堂教学，面向全体学生，从教学工作的实际出发，对教学过程、原则、内容、组织都有系统的理论阐释和丰富的实践经验。百废待兴的新中国尚未构建起自身的教育理论，苏联劳动教育的理论和实践经验对于浴火重生的新中国而言非常重要，不仅填补了我国亟待建立的劳动教育理论的空白和实践经验的空缺，还有助于我国以此为蓝本，制定劳动教育的政策方针以及课程设置和实施。这一时期，新中国的教育工作者满怀热情、虚心地学习苏联劳动教育理论，集中出版了一系列介绍苏联劳动教育理论和实践的书籍，如 1950 年出版的《苏联劳动纪律与劳动教育》、1955 年出版的苏联别尔米亚克的《你选择什么职业》、麦尔尼科夫的《中小学的综合技术教育》、1956 年出版的伊·弗·斯瓦德科夫斯基的《苏联儿童的劳动教育问题》、斯卡特金的《综合技术教育和劳动教育》等，在师范院校、中小学，教育工作者全面以苏联的教材为教科书或者根据苏联劳动教育理论编辑教科书，结合自身工作的实际情况，积极借鉴苏联劳动教育的实施内容和途径，进行了劳动教育改革。

四、"体能"主导下的劳动教育

社会风气的转变加速了劳动教育的发展，通过对教育政策以及教育实施的回顾发现，学校教育对于劳动的理解窄化为"体能"主导下的体力劳动。这一价值取向离不开我国当时落后的农业国客观现实，1949 年中华人民共和国成立时，中国人均国民收入仅 66.1 元。工农业总产值只有 466 亿元，其中农业总产值的比重占 70%，工业总产值比重占 30%，总人口 54167 万人，其中农业人口占 89.36%，可以说，当时中国还是一个贫穷落后的农业国。建国初期的教育价值主导是建立在"文化教育工作要围绕生产建设这个中心工作并为这个中心工作服务"，劳动教育在这一价值主导下，其核心价值是为"工农服务"。尤其是当时工农业发展的客观需求，促使国家加快了实行劳动教育的决心，开展劳动实习，以培养更多的工农业建设人才，为工农服务。

在这一时期，社会劳动的主要体现是建立在落后的农业国基础上的以体能为核心要素的农业劳动，劳动在人们的直观印象中等同于体力农活。在这一劳动形象的影响下，这一时期，劳动教育的开展重点围绕农业生产，重视锻炼学生体能，号召青年愉快地积极地投身到生产劳动中去，特别是投入到农业生产中去。劳动教育成为脖颈以下的"身体"训练，似乎与脖颈以上的"心智"毫无关系，成为一种可以"离心"的体能训练。

第二节　全面探索时期

1956 年底，我国对生产资料的社会主义改造基本完成，进而开始进入全面探索社会主义建设时期。为了使教育事业适应大规模社会主义建设对人才的迫切需求，在教育上，也开始了全面探索的新时期。1957 年的"反右运动"、紧随其后的"人民公社"运动，以及接踵而至的"三年困难"时期，注定成为研究劳动教育史绕不过去的时代背景。在这个充满磨难的时期，教育与生产劳动相结合的原则，作为我国社会主义教育方针的一项内容予以肯定，并在教育与生产劳动相结合的形式和内容上均有所发展。但在一段时间内，由于"左"倾错误思想的影响，出现了学生劳动过多、劳动过度等现象，偏离了正常教学秩序。经过近十年的探索与实践，这一时期的劳动教育有成绩、有经验，是大胆探索、曲折前进的十年。

一、劳动教育的目的：培养有文化的劳动者

1949 年以来，在巩固新生的人民政权的斗争中，一方面，要通过国家机器全面扫除历史遗留问题；另一方面，还要迫切向人民大众提供新的意识形态和重塑新的政治认同感。教育肩负着传递国家知识和意义的重要使命，因而被视为是实现这一政治认同和身份认同的强有力的教化工具。早在 1949 年《中国人民政治协商会议共同纲领》中确定的文化教育方针已难以适应新的发展形势和政治诉求。1957 年 2 月，毛泽东同志在《关于正确处理人民内部矛盾的问题》中，明确了新的教育方针："应该使受教育者在德育、智育、体育几方面都得到发展，成为有社会主义觉悟的有文化的劳动者"。新的教育方针，为学校教育的培养目标指明了方向，我们要培养的是全面发展的新人，当时对于"全面发展"意涵的解

读就是"既有社会主义觉悟，有文化的"同时也是"劳动者"。劳动教育的目的首要目标就是摒弃旧社会的脱离生产劳动的"只专不红"的资产阶级知识分子，而是培养有社会主义觉悟的有文化的劳动者。同年3月，毛泽东在全国宣传工作会议上发表讲话，强调知识分子的改造以及知识分子同工农群众结合的问题。可见，这一时期的劳动教育的核心要义就是彻底消灭一切剥削阶级残余，尤其是要与"劳心劳力相分离"的资产阶级思想彻底斗争。但是，值得警醒的是由于受到"左"的影响，片面强调劳动对改造思想的意义，以搞政治运动的方式组织师生参加生产劳动，参与笨重的、超负荷的体力劳动，以致生产劳动过多，破坏了学生的正常教学秩序，造成了文化课质量一度严重下降。此外，随着形势的日趋变化，1958年9月19日，中共中央、国务院《关于教育工作的指示》，提出了新的教育方针："教育为无产阶级政治服务，教育与生产劳动相结合；为了实现这个方针，教育工作必须由党来领导。"

二、劳动教育的实施：课堂教学和提倡勤工俭学

1957年4月8日，《人民日报》刊发根据刘少奇在湖南省长沙市中学代表座谈会上的讲话整理而成的社论《关于中小学毕业生参加农业生产问题》，一石激起千层浪。这一时期，一切学校，均把生产劳动列为正式课程，以开设生产知识课、提倡勤工俭学、组织学生上山下乡和开办展览会为主要形式广泛开展。

1. 开设生产知识课

1957年中共中央宣传部颁布了《关于加强中小学校毕业生劳动生产教育的通知》，正式提出对学生的宣传，应着重通过课堂教学和各种活动进行劳动教育。同年6月，教育部先后颁布《关于1957年-1958学年度中学教学计划的通知》和《关于在农村小学五、六年级增设农业常识和农业常识教学要点的通知》，要求在初中和高中三年级增设农业基础知识课；在农村小学增设农业常识课。将劳动教育正式纳入我国课程体系之中，以课程知识指导和帮助学生毕业后的农业生产劳动。许多学校在课程安排、教学方法上采取了独特的做法。

翌年 3 月，教育部《关于 1958 年 –1959 年度中学教学计划》规定：在初、高中各年级增设生产劳动课，取消了初、高中实习课。教学计划的说明部分提出，开设生产劳动课是以工、农业生产的基础知识和初步技能去武装学生。生产劳动课包括初中手工劳动和农业基础知识，高中农业实习和机械实习。初、高中各年级各为每周 2 小时。1963 年 7 月 31 日，教育部发出的《关于实行全日制中小学新教学计划（草案）的通知》规定：小学六年级开设生产常识课，初中三年级开设生产知识课，高中三年级开设农业科学技术知识选修课；生产知识课，一般应该讲授农业生产知识。劳动教育的实施，在一切学校中，均把生产劳动列为正式课程，以教学计划确保其实施效果。

2. 提倡勤工俭学："一面劳动，一面读书"

1957 年 5–6 月，《中国教育报》《人民日报》相继发表了《提倡勤工俭学，开展课余活动》《一面劳动，一面读书》的社论。随后，部分地区学校积极响应号召，认真部署，勤工俭学活动初见成效。这一时期，学校的勤工俭学活动主要包括在学校、工厂、车间、农场、街道等进行的工农业生产劳动、农村副业和手工业生产、基础建设和运输业、校内外的服务性劳动。勤工俭学活动最初以学生自愿为原则，利用课余时间开展，参加理发、缝纫刺绣、洗衣、利用寒暑假参加生产劳动，学生一面学习，一面劳动，勤工俭学的收入部分地解决了学生的学费、生活费，并用于日常订报纸、看电影、洗澡等。

到了 1958 年，这种"一面劳动，一面学习"的勤工俭学活动发生了改变。由于深受全国范围内"极左"错误思想的影响，9 月开始大中小学教职工和小学高年级以上学生，普遍停课搞生产，投身到大炼钢铁和"三秋"劳动中。9 月中旬为支援大炼钢铁，国务院抽调大、中学校师生走出课堂，分赴各地，参加"全面大炼钢铁"运动。

3. 组织学生上山下乡，参加生产劳动

1963 年 6 月，中共中央提出要动员城市青年学生上山下乡，插入人民公社生产队、国营农牧林渔场，参加农业生产，并要求各省、市、自治区制订15年的安置规划。为此，6月5日《人民日报》发表社论《坚持不懈地好好组织学生参加生产劳动》、指出"无论在目前和将来，中小学校学生除了极小一部分升入高一级学校外，一小部分将要在城市就业，而绝大部分将要在农村参加生产劳动。所以今后不论是城市或者农村的学校，每年都应该以一定的时间组织学生参加农业生产劳动。"

4.开办展览会

为推动劳动教育工作，巩固教育劳动结合实践活动实施成果，展示教育革命的优秀成果，发挥一个又一个鲜活实例的示范带动作用，从20世纪50年代开始，在国家、省市、区县各级教育行政部门的组织领导下，北京、陕西、浙江等地纷纷在大中小学举办了教育与生产劳动相结合展览会、勤工俭学展览会、勤工俭学成果汇报会、红专跃进会等展览会，展示校办工厂、校办车间的学生优秀劳动作品、学生勤工俭学劳动成果等。各类教劳结合成果展览会的举办，通过树立先进典型，发挥了示范引领作用。

三、劳动教育的调整：摆正教育与生产劳动的关系

这一时期教育与生产劳动相结合在各个领域内得以充分体现，但是也不得不承认出现了一些偏差。原有教学计划、教学大纲搁置一旁，致使学生劳动过多、活动过多，打扰了正常的教学秩序，降低了教育质量。这一偏颇从1958年底开始进纠正，1958年12月22日，中共中央批转教育部党组《关于教育问题的几个建议》（以下简称《建议》），明确规定中小学生及教师的劳动时间，半日制的和业务的学校必须恢复上课以及教学为先的原则。《建议》的出台，标志着开始纠正偏向，重新摆正教育与生产劳动的关系。

1959年，国务院发布《关于全日制学校的教学、劳动和生活安排的规定》，重申了上述《建议》中关于教育与劳动时间的安排。1960年5月15日，中共中央、国务院发布《关于保证学生、教师身体健康和劳逸结合问题的指示》，同年

12月21日发出《关于保证学生、教师身体健康的通知》，都强调要注意劳逸结合，妥善安排师生的工作、学习、劳动时间，保证学生的睡眠和休息时间。

1960年以后，在总结经验教训的基础上，制订和公布的《全日制小学暂行工作条例（草案）》，对中、小学生参加生产劳动的目的、方式、时间和劳动卫生保健等作了具体规定，力求纠正劳动过多的偏向，使教育同生产劳动较好地结合起来。

生产的发展并不足以支撑起社会良性发展所需要的众多价值，"生产"重心正在吞噬超验层面的文化，人的全面发展、自由、尊严、"真、善、美"等劳动的教育意蕴困囿于"生产"的蔓延而日渐萎缩。劳动教育的"生产维度"只是多种价值之中的一种，绝非能置换出一切其他美好价值的根本性价值。过分注重功利性的生产价值，在很大程度上放逐了非功利性的价值追求，遗忘乃至压制了人文关怀的价值，势必把劳动沉沦于世俗化、物化之中，消解了劳动的超验性维度，在很大程度上丧失了劳动教育对人性发展的价值观照。

四、劳动教育的思想："本土探索"的转向

我国在强调"以俄为师"导向下，造成过度迷信斯大林，过度迷信苏联，以致思想僵化、教条主义泛滥，脱离中国教育的实际，最终导致一系列问题的产生。1957年，随着中苏关系出现裂隙，双方开始大论战，中国开始了各个领域的批判苏联斗争，教育领域由全盘接受苏联的"以俄为师"转向"以俄为鉴戒"，探索适合本土国情的社会主义道路。同年，毛泽东提出："我们的教育方针，应该使受教育者在德育、智育、体育等几方面都得到发展，成为有社会主义觉悟的有文化的劳动者。"在教育领域内，开始克服教育教条化。为突破全盘移植苏联的正规化教育制度的弊端，使学校向工农子弟开门，扩大受教育的范围，加速教育的普及和发展，我国逐步建立起了本土化的劳动教育制度。特别是我国的劳动教育开始逐步脱离了凯洛夫教育学中关于劳动教育的辅助性地位的论述。为加强对劳动教育的宣传，我国还陆续出版了大量介绍劳动教育的书籍，如1958年人民教育出版社的《中小学生的劳动教育和参加劳动生产问题》，上海教育出版社的《教育结合生产劳动好得很》，1959 年人民教育出版社的《小学开展生产劳动教育的初步经验》《中学开展生产劳动教育的初步经验》等阐述了劳动教育和社会主义建设的关系，劳动教育和全面发展的关系，介绍了老解放区的劳动教育经验和理论根据，总结新中国成立后所积累的劳动教育经验等。走上了自主探索之路，劳动教育获得了前所未有的关注和空前繁荣的景象。

五、劳动教育的重点："思想劳动两头红"

在 1963 年制定的《全日制中学暂行工作条例（草案）》中，对生产劳动作了这样的阐述："学生参加生产劳动，主要目的是养成劳动习惯，培养劳动观点，向工农群众学习，克服轻视体力劳动和体力劳动者的观点；同时在劳动过程中学习一定的生产知识和技能，扩大知识领域。"不难发现，全面探索时期的劳动教育的出发点是基于阶级立场的政治思想的教育。至于同时学习的"生产知识和技能"，则只是"同时"意义上的副产品。劳动教育演变为具有政治教育和思想改造的意义，学校组织学生参加生产劳动，劳动既是教学，也是政治思想课。劳动教育被赋予强烈的政治教化功能，教育者将热爱不热爱劳动作为评判一个学生政治立场是否正确、道德觉悟是否高尚甚至是属于哪个阶级的重要评判标准。

除此之外，还要求学生积极参加生产劳动，在劳动过程中学习一定的生产知识和技能，扩大知识领域，培养有社会主义觉悟、有文化科学知识、有技术、有实际操作能力的新型劳动者。积极组织上山下乡、勤工俭学、半工半读，提倡学生"一边劳动，一边学习"。在抓学生思想的同时，不放松对学生生产劳动的开展，将其视为培养"又红又专"的社会主义劳动者的唯一方法。

第三节　恢复重建时期

恢复重建时期的劳动教育与中国社会转型和政治变革同步进行，萌蘖于集中政治权利意志的反思和重构。十一届三中全会以来，政治主流话语的"解放思想，实事求是"和"四个现代化"的国家建设目标成就了一段充满感召力的"激情岁月"，一方面，激情澎湃的人们倡导科学精神，通过全国范围内各个领域内开展关于"真理标准问题大讨论"，有力批判了"文化大革命"中个人意志和非理性专断横行；另一方面，冲破思想禁区，呼唤人的自由和解放。在极度振奋的社会语境中，劳动教育基于"文化大革命"中的惨痛记忆，积极恢复与重建。

一、劳动教育的目的：为"四化"培养建设人才

20 世纪 70 年代中期，我国政治意识形态逐步从追求"道德——政治"的乌托邦社会主义逐渐转向以经济建设为中心的"科学——经济"的世俗化的社会主义。1978 年十一届三中全会胜利开幕，这是我国社会历史发展上的重大转折，坚决批判了"两个凡是"的错误方针，决定把全党的工作重点转移到社会主义现代化建设上来。我这一重大变革，必然会对社会生活产生深远影响，学校劳动教育自然概莫能外。

1978 年 4 月 22 日，邓小平在教育部召开的全国教育工作会议上的讲话中，根据五届人大第一次会议通过的《中华人民共和国宪法》规定的新时期总任务，提出教育工作要在新的条件下更好地贯彻教育与生产劳动相结合的方针。邓小平提出："我们制订教育规划应该与国家的劳动计划结合起来，切实考虑劳动就业发展的需要。""不然，学生学的和将来要从事的职业不相适应，学非所用，用非所学，岂不是从根本上破坏了教育与生产劳动相结合的方针？"教育部长刘西尧在会上所作报告中，把"全面贯彻教育与生产劳动相结合的原则"作为新时期教育的一项任务。总之，各类教育工作会议和政策文件的出台，意图就是留下"教劳结合""劳动教育"这个小孩，倒掉"四人帮"泼在"教劳结合"和劳动教育身上的脏水，而不是脏水连同小孩一并倒掉。此后，教育部修订了全日制中小学暂行工作条例，重申了中小学生参加生产劳动的规定。1986 年 3 月 25 日，六届全国人大四次会议批准的国务院《关于第七个五年计划报告》中指出："各级各类学校都要认真贯彻执行德育、智育、体育、美育全面发展的方针，并根据各自的特点适当加强劳动教育，坚持把提高教学质量、培养合格人才放在首位。"由此可见，随着在十一届三中全会确定以经济建设为中心，各项工作围绕经济建设这个重中之重，劳动教育的目的从政治服务的斗争工具转轨为"四化"建设培养人才，考虑劳动就业发展的需要，靶向攻克现代化建设所需各类人才。

二、劳动教育的实施：开设劳动技术课

在粉碎"四人帮"之后的最初几年里，人们并没有马上从"左"的思想束缚中解脱，我们曾一度忽视劳动教育。这里问题的症结可能有两点。一是划不清林彪、"四人帮"的倒行逆施与马克思主义教劳结合原理的界限，把他们泼在劳动教育上的"脏水"与"孩子"一起倒掉了；二是对"科学技术是生产力"缺乏全面、正确的认识。在一些人看来，既然"科学技术是生产力"，只要学好科学技术就可以了，其他什么都不必要。似乎科学技术转化为现实生产力不过是人的智力活动在生产劳动之中的自发的简单的输入和输出。殊不知科学技术只是"一般社会生产力（或称之为潜在的生产力）"。它要想转化为直接的现实的生产力有一个"物化"过程。这个"物化"过程，没有人的身体的支撑和"人格因素"（它包括人对社会和他人的态度，如爱国主义精神、集体主义精神、责任感、同情心、尊重他人等；人对工作和劳动成果的态度，如勤劳、节俭、创新精神等；人对自己的态度，如自信心、自尊心、坚韧不拔、刚强等个性心理特征）的参与，是绝对不能实现的。

粉碎"四人帮"以后，在纠正教学、教材工作中"左"倾错误影响的基础上，重新明确了各科教学结合生产实际的方向。例如，1978年，教育部制订的《全日制十年制学校中学物理教学大纲（试行草案）》，关于物理教学的几个基本原则中指出：在学工、学农中，要注意引导学生观察物理现象，发现工农业生产中的物理问题，并引导学生把所学的物理知识运用到实际中去。1981年4月，教育部颁布的《全日制六年制重点中学教学计划试行草案》和《全日制五年制中学教学计划修订（试行草案）的修订意见》提出，要开设劳动技术课、职业技术教育课。劳动技术的教育，包括工农业生产、服务性劳动的一些基本技术、职业性技术教育以及公益劳动等。随后印发了《关于普通中学开设劳动技术教育课的试行意见》和《现行普通高中教学计划的调整意见》。1992 年 8 月 6 日印发的《九年义务教育全日制小学、初级中学课程计划（试行）》明确规定：小学开设劳动课，初中开设劳动技术课。其中小学一、二年级可开设 1 课时劳动课，四年级以上各年级可增为 2 课时，所需时间从地方安排的课时中调整。初中劳动技术课根据需要，可用适当时间进行职业技术教育或参加工农业生产劳动。要重视实践环节教育，注意培养学生的动手能力。

小学劳动教育和中学劳动技术教育得到明显加强，体现在：一是小学劳动课与中学劳动课的开课率有较大提高，中小学平均每日参加劳动的时间有所增加。全国已有 20 个省（自治区、直辖市）小学劳动课开课率在 80% 以上，有 22 个省（自治区、直辖市）中学劳动技术课开课率在 70% 以上。平均每天参加劳动时间，小学生为 20 至 25 分钟，初中生为 35 分钟，高中生为 30 分钟。二是多数地方初步形成了一支专职与兼职相结合的劳动技术课师资队伍，并拥有一批教研员和管理干部。各地采取代培、进修、以老带新等多种方式，改善教师队伍的素质情况。一些师范院校实行了主辅修制，使师范生掌握承担中学劳动技术课教学的技能。各省（自治区、直辖市）都配备教研员和专任负责，组织教研管理和改革实践等工作。有的省还成立了中学劳动技术教育教学研究会。三是所属地方实行统编教材与乡土教材并举，初步建立起劳动技术课教材体系。全国有 24 个省（自治区、直辖市）编写出版了小学劳动课教材，22 个省（自治区、直辖市）编写出版了中学劳动技术课教材。许多县、乡和学校还编有乡土教材，成为劳动技术课教学的一个特色。一些地方还录制了音像教材。四是劳动技术教育的基地和设备逐渐发展，全国约有 30%-40% 的中小学有劳动基地。城镇中小学开始以集中师资、设备建立劳动技术教育中心的方式，形成网络覆盖所有中小学。有些地方采取多种办法，逐渐配备了必要的设备。

三、劳动与技术"合成"下的劳动教育

1980 年前后，大量西方科学研究成果的引入，对我国产生了强有力的冲击，尤其是当时轰动一时的"老三论"——系统论、信息论和控制论，更是在一定程度上加深了人们对科学的认识。20 世纪 80 年代初的科学的春天其实算不上真正意义上的科学的春天，在这样的时节里出生的"劳动技术教育"，相应地缺乏成熟的科技理性的观照。虽然改革开放的春风已经拂过，但是它依旧不可避免地沾染旧时代的气息。考虑到我国历来强调以劳动方式对学生进行思想政治教育和长期进行的劳动教育的政治意义，将"劳动教育"与"技术教育"捆绑或许是最为稳妥的办法了。"劳动技术教育"是一个"混血儿"。一方面，是培养学生政治思想观念的"劳动教育"；另一方面，是培养学生掌握现代科学技术的"技术教育"。

教育在"三个面向"和"四个现代化"的指引下，劳动教育改变了以往"劳动只代表从事体力劳动"的传统观念，劳动的内涵在"四化"时期得到了丰富和发展。众所周知，生产力的基本要素是生产资料和劳动力。而"历史上的生产资料，都是同一定的科学技术相结合的；同样，历史上的劳动力，也都是掌握了一定的科学知识的劳动力"。由于科学技术的迅猛发展，劳动者只有具备了较高的科技文化知识和技能，才能进入现代化的生产过程，并发挥更大的作用。因此，科学技术成为我国"四化"建设的关键。现代生产和科学技术的发展要求劳动教育改变传统的"劳动只代表从事传统的农业和手工业劳动等的体力劳动"的观念，劳动教育在这一时期丰富了自身的内容，增加了生产管理这一内容，使学生掌握了初步管理的基础理论和发展。从教育内容来看，"介绍我国工农业生产的管理体制的基本情况，组织生产过程的基本知识，制订生产计划的基本知识和技能，各种生产负责制和规章制度的基础知识，物资管理、财务管理的一些初步知识和技能"。

然而，技术终究不过是人类的工具，作为延伸了人类的躯体和机能的工具，

技术必然像任何一种实用工具一样，具有某种负面的因素和局限性。马尔库塞在《单向度的人》中指责现代技术把生产者牢固地捆绑在机器设备之上，使劳动者成为它的附属物和奴仆。劳动与技术合成下的劳动教育，一旦过度强调"技术"以压制性的地位挤占了"劳动"时，过度强调技术的统治性力量，就剥夺了劳动这一人类自由的现实表现，劳动教育就成为一种谋求功利的工具，并附庸着强烈的理性目的，剥夺了人的自由、尊严、审美和全面发展，导致人的异化和分裂。

如果说马克思（尤其是早期）理想的劳动观念包含着明显"美学"特征，具有明显的生产美学的逻辑，恰如霍耐特所说，劳动哲学力图将"承认要求的丰富光谱还原为通过劳动而自我实现的维度"。然而，这种美学意蕴在中国人接受的马克思主义中就大大弱化了，并被更实际的强省、生产力发展冲淡和替代了，这一时期，这种以"富国强民"为直接目的的劳动技术观念直接构成了"劳动教育"的基本内容，劳动教育从"体能劳动"崇拜走向"科学技术"迷津，"劳动"的解释被"科技"范式蚕食，在追求世俗性、实用性、效率性的道路上狂奔，冲淡了通过劳动自我实现的"美学"维度，并被更实际的科学技术、生产效率所替代。"劳动"自我实现的维度被经济学的"劳动"维度所遮蔽和覆盖了，随之而来的必然是"教育"的空心化。

四、劳动教育思想："教劳结合"的大讨论

教育与生产劳动相结合作为一种理论，是对教育实践活动的提炼和概括，是对现代教育的一种系统的、自觉的、明确的反映形式。它以马克思主义的基本理论观点为旗帜，因而闪烁着理性的光辉。同时，作为一种社会意识形态，又受到不同时期的政治意识和社会思潮的激发和引导，其内容具有很大的伸缩性，在不同的时期具有不同的性质。

1995年3月18日，"教育必须与生产劳动相结合"方针被正式写入《中华人民共和国教育法》，对教劳结合如何理解，直接关系到如何贯彻执行教育方针，这不仅是一个重大的理论问题，也是一个迫切需要解决的实际问题。"教育与生产劳动相结合"成为劳动教育研究这一时期的关注热点，先后举办邓小平论"教育与生产劳动相结合"学术研讨会，"教育与生产劳动相结合与人的全面发展"学术讨论会。同期，《中国教育学刊》开辟专栏，集中探讨教育与生产劳动相结合问题。这一时期，在"片面追求升学率"的错误倾向下，应试教育的种种弊端凸显。学者认为，坚持教育与生产劳动相结合，进行整体综合改革，就能打破应试教育的束缚，使教育质量提高，引导学生生动发展。随着社会经济的发展，"科学技术是第一生产力"成为共识，劳动教育研究重点关注现代科学技术这一教育与生产劳动相结合的"结合点"。

这一时期，教育与生产劳动相结合引起学界广泛关注，不仅吸引了大批教育实践工作者的参与，而且还吸引了科技界、政界的广泛关注。这次教育与生产劳动相结合的大讨论，突破了以往的理论反思主题，在理论探索的同时，积极探讨了许多实施层面的实际问题，各地因地制宜地提出了许多教劳结合的实践模式。教育与生产劳动相结合，一再引起人们关注，多次列入教育方针本身就说明这一问题在教育过程中，占有举足轻重的地位，是一个关键环节，直接影响培养人才的质量。在科学技术是第一生产力和社会主义市场经济条件下，学校教育如何适应市场经济发展的需要，全面提高学生的素质等方面，都与怎样搞好教劳结合关系甚大。

第四节　改革深化时期

进入 21 世纪，在全球化、信息化和知识经济趋势日趋增强的背景下，国与国之间综合实力的较量越来越激烈，从过去表层的生产力水平的竞争，转化为深层次的以创新型人才为中心的竞争。世纪之交的中国已进入全面、快速工业化阶段，正处于新旧动能接续转换、从过度依赖自然资源转向更多依赖人力资源和创新驱动发展，由传统产业主导型经济向创新主导型经济转型升级的关键期。中国要想在世界新技术革命和产业变革的新格局中占据主动，必须靠创新，"大众创业、万众创新"是新时期的新航标。就其深层意义而言，大众创业、万众创新既是解放生产力，更是解放人自身的创造力，实现体面劳动，创造劳动，从而促进人人自由而全面的发展。

一、劳动教育的目的：全面发展

新世纪初，知识经济已经初见端倪，世界范围内的科技竞争、经济竞争，尤其是人才的竞争日趋激烈，国与国之间综合实力的较量越来越取决于劳动者素质的高低，取决于各类人才的质量和数量。面对知识经济的挑战，传统的教育在结构、体制、人才培养模式以及教学内容、教学方法等方面都与现代化建设需要的创新型人才相差甚远，教育改革呼之欲出。

1999 年 6 月 13 日，中共中央、国务院作出《关于深化教育改革全面推进素质教育的决定》明确提出："学校教育不仅要抓智育，更要重视德育，还要加强体育、美育、劳动技术教育和社会实践，使诸方面教育相互渗透、协调发展，促进学生的全面发展和健康成长。"2001 年，教育部颁布《基础教育课程改革纲要（试行）》等一系列政策文件。自此，我国正式启动了新一轮基础教育课程改革。2001 年 7 月，教育部印发义务教育 20 个学科的课程标准（实验稿），初步构建了符合时代要求、具有中国特色的基础教育课程体系。

改革深化时期的教育改革，以全面提高人的基本素质为根本目的，着眼于发展，着力于打基础，其根本任务是为一个学生今后的可持续发展和幸福生活奠定坚实而稳固的基础。内置于这一时期教育改革浪潮中的劳动教育，必然打上了"素质教育"的烙印。2015 年 7 月 20 日，教育部、共青团中央和全国少工委联合下发《关于加强中小学劳动教育的意见》（以下简称《意见》），明确指出："劳动教育是全面贯彻党的教育方针的基本要求，是实施素质教育的重要内容，是培育和践行社会主义核心价值观的有效途径。"

二、劳动教育的实施：列入综合实践活动

过去，基础教育中的劳动课、劳动技术课等是独立设置的一门课程。这一时期，劳动教育实施的最大特点是失去了单独的课程地位，列入综合实践活动，主要以综合社会实践和倚重德育工作的形式开展。

1.形成综合形态的课程设置

2001年6月8日，教育部印发《基础教育课程改革纲要（试行）》，明确规定："从小学至高中设置综合实践活动并作为必修课程，其内容主要包括：信息技术教育、研究性学习、社区服务与社会实践以及劳动与技术教育。在课程的实施过程中，加强信息技术教育，培养学生利用信息技术的意识和能力。了解必要的通用技术和职业分工，形成初步技术能力。"

在新课程计划中，劳动与技术教育失去单独的课程地位，被列为综合实践活动中的一个指定性学习领域，是国家规定但由地方和学校开发的课程，各地教育行政部门、各学校具有劳动与技术教育课程规划、开发、组织的功能和责任，这是课程形态上的重大变化。

2.倚重德育工作

劳动教育失去了单独列入教学计划的课程地位，这一时期劳动的开展倚重德育工作的开展。2000年12月14日，中共中央办公厅、国务院办公厅发布《关于适应新形势进一步加强和改进中小学德育工作的意见》，内容规定"社会实践活动包括社会调查、生产实习、军事训练、公益劳动、社区服务、科技文化活动、志愿者活动、勤工俭学等多种形式"。"社会实践活动总时间，初中学生一般每学年不少于20天，普通高中学生一般每学年不少于30天"。此外，2004年修订发布的《中小学生守则》和《小学生日常行为规范》对于中小学生养成良好的劳动行为习惯再次进行了确认和强调。例如，《中小学生守则》（2004年3月25日修订，2004年9月1日起执行）第6条明确规定："积极参加劳动，勤俭朴素，自己能做的事自己做。"《小学生日常行为规范》（修订）第9条明确规定："衣着整洁，经常洗澡，勤剪指甲，勤洗头发，早晚刷牙，饭前便后要洗手。自己能做的事自己做，衣物用品摆放整齐，学会收拾房间、洗衣服、洗餐具等家务劳动。"《中小学生守则》从大处着眼，对中小学生热爱劳动的思想形成和积极参加劳动的习惯养成提出了基本要求；《中小学生行为规范》从小处着手，提出具体的、操作性较强的劳动行为习惯的要求。

三、劳动教育的理论：人的回归

伴随着从计划经济向市场经济的体制转型，劳动教育开始构建与社会主义经济建设和社会发展实际相适应、相配套的课程结构和课程体系。此外，在社会现代化建设中凸显出来的唯科学主义掀起了对标准、确定性和效率的狂热追求，这对教育产生着持续而深刻的影响。随之而来的是劳动教育的展开以知识的逻辑性、系统性为基础的理论学习，劳动教育在学校的实施中越来越趋向于理性主义，过于侧重人的知识技能的培养，忽视对于个体的劳动体验、情绪情感、直觉等非理性层面的观照，不再致力于完整人格的塑造。过去，我国劳动教育理论研究的讨论和争鸣，都集中在劳动的生产意义，将其窄化为纯粹的工具理性范畴，着重探讨人的本质的外在规定性，关注培养学生的动手能力，掌握现代的基本科学技术知识和学会现代生产的基本技能，培养人的潜在劳动能力，往往是"见物不见人"，是"物化的教育"，将劳动教育视为"生产""技术"。受到扭曲的"马克思主义"的影响，仅仅从培养"可能的生产力"出发或者"意识形态的塑形"考察劳动教育，重视"生产劳动""综合技术教育""思想政治"，"物化的教育"必然出现"人的空场"。

伴随着改革深化时期的到来，随着作为生活意义的劳动的逐渐揭示，劳动作为人的存在的生成的屏障，以及教育场域中"人的回归"，近年来劳动教育研究也日益呈现出"人的回归"的价值取向的转变。不再将"人"视为工具与手段，而是尊重人的主体性、自觉性、能动性以及实践性，劳动教育研究的生命意识逐渐在增强，逐渐脱离了以往劳动教育的单一"社会"功能的价值取向的制约，出现了从人的主体性、精神成长、劳动素养、人性意义出发，对劳动教育的本质和价值做出了全新的诠释。

四、劳动教育的重点：劳动素养

改革深化时期的劳动教育的重点是"素养"，明确提出"提高广大中小学生的劳动素养"，"素养"的凸显反映了改革深化时期劳动教育以"学生发展"为核心的教育视角的转换。可以说，素养是对素质教育内涵的解读和具体化，是全面深化劳动教育改革的一个关键。

这一时期劳动教育重点突出"素养"，不同于"知识"和"能力"，素养是一个更为复杂的结构，要比"能力"的内涵更为宽广，超越传统的知识和能力，并纠正过去重知识、重能力，忽略态度的教育偏颇。素养所涉及的内涵并不是单一维度，而是多元维度，不只重视知识，也重视能力，更强调态度的重要性。可见，素养的范畴超越了行为主义层面的能力，涵盖态度、知识与能力等方面，体现了全人素养或全面发展。

此外，素养的形成和发展是个不断丰富、优化的动态模式。从个体层面来看，人的素养不是与生俱来的，它有一个形成、发展和逐步趋于成熟的动态过程，即个体的素养是在动态的教育过程中不断丰富和发展起来的；从社会层面看，社会的发展是不断递进和超越的进程，它对人才的需求也随之重组更新，而素养的内涵也就与之齐头并进，具有鲜明的时代性，这也是其生命力和活力的彰显。总之，核心素养的内涵具有未来指向性，不断优化发展的动态性。

这一时期，劳动教育凸显"素养"，预示着劳动教育价值重心开始发生重要转向，标志着劳动从物质性的、技术性的功利追求开始有意识地走向超验性人的自由、尊严、美的维度，不再把"人"视为没有精神生活和情感生活的单纯的技术型和功利性的劳动工具与手段，开始尊重"完整的人"的精神世界和情感生活，从更为宽广的内涵理解人，从人的主体性、精神成长、劳动素养、审美追求、创新创造等，对劳动教育的本质和价值做出了全新的诠释。

第五节　繁荣发展时期

中国特色社会主义进入新时代，劳动教育的发展也进入了新阶段，与劳动教育相关的教育政策内容更丰富，内涵更深刻，覆盖面更广。这些变化从深层次反映了新时代我国劳动教育在人才培养问题上的重要贡献，劳动教育的发展和落实得到了空前的重视。新时代劳动教育政策指向明确，更加突出时代性和现实性，同时也体现了对改革开放以来我国劳动教育发展问题的反思。

一、劳动教育目标：新时代我国劳动教育政策目标指向

一方面，从新时代的要求看，新时代的劳动教育方针是在新的时代背景下诞生的，更加要求明确社会主义教育根本任务，构建劳动教育育人体系；另一方面，从历史和现实角度看，提高劳动教育的地位，能够改善青少年不会劳动技术、缺乏劳动意愿、随意浪费劳动成果等现象。

1.坚持立德树人构建劳动教育育人体系

立足世界百年未有之大变局与中华民族伟大复兴的战略全局，新时代的诉求更加要求劳动教育需要从根本上发生变革，更加需要贯彻中国共产党对教育的新要求，应是从实践教育活动到理论知识传授对党的教育方针的全面落实。习近平总书记的"教育三问"是新时代中国特色社会主义教育必须明确的根本问题，这也决定了新时代在教育走向现代化的康庄大道上劳动教育应该何去何从。劳动教育是社会主义教育的重要组成部分，是践行立德树人根本任务的重要内容。新时代劳动教育不仅继承了中国共产党劳动教育政策的基本经验，更是通过发挥教育政策的指挥棒作用，在不断引导规范中逐渐成熟。习近平总书记在全国教育大会上的讲话表明，党和政府明确了劳动教育的重要性，进一步强化了新时代开展劳动教育的必要性，也为劳动教育政策的设定提供了遵循。此后劳动教育的发展进入成熟阶段，教育对象覆盖大中小各个学段的学生。从新时代劳动教育的教育内容看，新时代劳动教育更加侧重劳动理论的创新、劳动技能的培训、劳动意识培育、劳动习惯的养成等多维度全方位教育。"五育"并举也在此之后逐渐成为培养新时代青年一代的重要举措和教育内涵。

新时代劳动教育政策在育人体系建设上具有重育人、强实践的特点。2013 年新时代劳动教育首次出现在教育政策中，教育部印发《关于在全国各级各类学校深入开展"爱学习、爱劳动、爱祖国"教育的意见》。这一文件主要是贯彻习近平总书记在同年"六一"国际儿童节上的重要讲话。文件并没有将劳动教育作为独立教学内容，而是将劳动教育作为一种体验活动融入"三爱"主题教育。虽然这一时期劳动教育发展还没有完全成型，但是从文件中可以发现，新时代劳动教育不同于劳动技能教育，而是以"立德树人"为根本任务，从培养学生社会主义核心价值观的高度出发，深化中国梦宣传教育，具有帮助学生树立正确的世界观、人生观、价值观的重要意义。2013 年，党的十八届三中全会通过《中共中央关于全面深化改革若干重大问题的决定》，在第十二条"推进社会事业改革创新"中，提出形成"爱祖国、爱劳动"活动的长效机制。将"爱劳动"教育作为立德树人根本任务的重要抓手，纳入深化教育领域综合改革的基本范畴。

2015 年教育部、共青团中央、全国少工委联合印发《关于加强中小学劳动教育的意见》（以下简称《意见》），《意见》中明确提出在三到五年内逐渐形成较为完善的资源配置体系、课程体系、机制监督体系，为新时代劳动教育体系的形成和发展奠定了重要的前期基础。《意见》强调了新时代劳动教育应将劳动知识与技能作为主要内容，促使学生树立正确的价值观，在劳动中培育学生的劳动观，为学生的全面发展奠定基石。劳动教育育人体系主要以中小学生为教育目标，以劳动实践为主要教育方式，积极推动家庭、学校、社会三者的有机协同作用，根本目的在于通过劳动教育发挥综合育人的作用，促进学生在知识学习与现实实践中全面发展。《意见》对中小学劳动教育体系的建构与实践起到重要的推动作用。新时代劳动教育发展阶段的政策指向在育人体系中表现为两大焦点。其一是如何发挥劳动教育的立德树人作用。2017年，教育部印发《中小学德育工作指南》，其中将劳动教育纳入课程育人之中，将劳动教育作为中小学特色教育进行开展。其二是义务教育阶段劳动教育实践育人体系如何建构。围绕这一问题，我国教育政策通过以中小学实践课程为切入点，2016年印发《教育部等11部门关于推进中小学生研学旅行的意见》，通过研学实践等方式引导学生学习劳动、参与劳动、感悟劳动。2017年，教育部印发《中小学综合实践教育课程指导纲要》，进一步完善了中小学综合实践教育课程建设，为劳动教育育人体系建设奠定政策基础。在国家的劳动教育政策的引导下，各省基于地方资源和教育特色加快了对劳动教育的落实。2018年，浙江省为加强中小学劳动实践教育，正式印发加强中小学劳动教育的配套文件，旨在对劳动实践教育进行整体设计，统一架构用3年左右时间，整合浙江省基础教育资源，完成资源与课程的交融和并轨。

新时代劳动教育成熟阶段的教育政策在劳动教育育人体系建设上具有全覆盖、全过程、多样化的特点。这一阶段劳动教育的育人体系建设上目的更加明确，所覆盖的人群也更加广泛，根据教育对象不同，劳动教育的教育形式也呈现出多样化的特征。2019年，围绕劳动教育为核心的教育政策数量大幅增加，这一年劳动教育政策最大的变化就是拓宽了劳动教育育人体系的覆盖面，在原有中小学劳动教育的基础上增加了职业院校和高等院校，而不变的是将劳动教育作为落实立德树人根本任务的重要途径之一。2019年，教育部为加强职业教育院校的劳动教育，连续印发《关于加强和改进新时代中等职业学校德育工作的意见》《关于职业院校专业人才培养方案制订与实施工作的指导意见》《关于实施中国特色高水平高职学校和专业建设计划的意见》。这些文件中分别从职业院校劳动技能素养、职业院校劳动教育课时要求、职业院校课程要求等不同角度丰富了职业院校劳动教育育人体系。职业院校的劳动教育政策更加侧重对劳动精神、劳模精神、工匠精神的培养，对劳动技能教育的重视。高等院校劳动教育在育人体系建设上更加侧重突出高校特性，发挥劳动教育在"五育"并举中的纽带作用。2019年，教育部在《关于切实加强新时代高等学校美育工作的意见》这一文件中逐步呈现出将劳动教育与传统学科相融合，与基础教育和高等教育相融合，劳动教育与其他课程或教育活动的融合已经见到雏形。同年，在《教育部关于举办第五届中国"互联网＋"大学生创新创业大赛的通知》中，更加明确地指出创新创业教育要与"五育"并举相融合，构建德智体美劳"五育平台"，上好一堂最大的创新创业课。2020 年，中共中央、国务院印发《关于全面加强新时代大中小学劳动教育的意见》（以下简称《意见》），对新时代中国特色社会主义劳动教育提出了更广泛、更深化、更系统的新要求。《意见》不仅将劳动教育纳入人才培养中，更加强调从家、校、社三方面共同推动劳动教育的实施，劳动教育作为中国特色社会主义教育制度的重要内容被提到了前所未有的高度。从我国基础教育制度的角度强调了新时代中国特色社会主义劳动教育和劳动教育育人体系对中国特色社会主义事业的必要性、时代性与重要性。指导思想的变化更加深刻地体现了劳动教育的时代诉求，这一时期我国即将全面建成小康社会、向第二个百年目标奋进。社会主义现代化建设对人才的需求提出了更高的目标，这也更加深刻地说明教育要以人为本，以学生为中心，要将立德树人作为社会主义教育的根本任务。《意见》中要求全面构建体现时代特征的劳动教育体系，并围绕这一体系从组织到制度提供全方位保障。2021 年，关于《中华人民共和国教育法（修正草案）》的说明中提出，为进一步完善教育方针，充实教育"培养什么人"的内容，将《中华人民共和国教育法》第五条中的"培养德、智、体、美等方面全面发展的社会主义建设者和接班人"修改为"培养德智体美劳全面发展的社会主义建设者和接班人"。

新时代劳动教育政策立意高远，从中华民族伟大复兴事业、中国特色社会主义建设事业、中国共产党的延续和发展事业三个维度强调了劳动教育对于人才培养的重要意义。劳动教育贯彻党的劳动教育方针，落实党的劳动教育政策，其中育人体系扮演了重要作用。劳动教育育人体系是新时代党的劳动教育政策的重要指向之一。这一政策指向源于时代需求，是中国共产党对中国特色社会主义人才培养事业的长远布局，为贯彻落实立德树人根本任务指明了具体方向。

3.遵循教育规律提升劳动教育实践成效

党的十八大以来，我国在社会主义教育事业上取得了长足性进步和格局性变化。从教育的普及水平到教育的公平性上均实现了历史性的突破，教育发展成果惠及全体人民。教育质量在党的十八大以来的十年间也实现了新的提升，96个全国中小学劳动教育实验区为各地中小学的劳动教育开展工作做出重要示范。在成绩的背后，还需要更加清醒地认识到当前教育存在的问题，过度追求应试教育，重视知识的灌输而缺乏实践能力的培养等问题依然亟待解决。这些问题的背后所反映的正是当前我国教育事业在发展过程中并未完全遵循教育规律，造成教育与社会需求和人的发展出现脱节现象。因此，党和国家从宏观布局劳动教育的重要原因之一正是为了使教育遵循客观规律，增强学生的实践能力，建设更高水平的现代化教育。

新时代中国特色社会主义教育事业要更加以人民为中心，遵循教育规律，贯彻中国共产党的教育方针，使教育充分发挥其凝聚人心、塑造人格、启发智力、立德树人的关键作用。教育作为一种复杂的社会活动，如何通过教育合理传递内外因素之间的联系是评价教育事业是否健康发展的重要条件之一。这些客观的、必然的联系就是一般意义上的教育规律。目前被社会所广泛认可的一般教育规律主要有：一是从教育外部规律来说，教育发展必须与社会发展具有一致性，教育需要从社会制度的角度出发，服务于国家发展战略全局，为国家和民族的发展服务；二是从教育内部规律来说，教育要遵循以人为本，与人的全面发展规律相适应。社会发展最终要在人的全面发展中所体现。因此，使教育回归于本质，是充分遵循教育发展规律与人的成长规律的政策性举措。新时代劳动教育在政策指引上主要以两部分为主。一是注重理论教育与实践教育的并重，以政策文件硬性规定劳动教育的开展形式和活动时长。教育部对劳动教育的时长和活动形式有着明确的要求，要求独立开设劳动教育必修课，平均每周不少于1课时，此外针对活动形式则覆盖家庭、学校、社会等多重维度；二是强调因材施教，根据学生学段不同对劳动教育实践环节进行区分，不同的劳动教育实践活动对学生的要求不同，教育效果也截然不同，这一政策强化劳动教育的实效性。不同阶段的学生在教育发展中的诉求是截然不同的，因此劳动教育政策在政策指向中明确进行了区分，这也使新时代劳动教育在具体实施中的实效性大大增强。政策中指出小学阶段更加侧重培养学生的自理能力，使学生养成基础的生活技能，在实践中完成对劳动意识和劳动习惯的培养；中学阶段要实现从劳动能力到劳动技能的转换，使劳动教育更加贴合生产劳动，在生产劳动中感悟劳动精神；大学阶段要培养学生的创新创业能力，引导学生塑造正确的就业观和择业观，使更多的学生明确空谈误国、实干兴邦的道理。新时代劳动教育在政策指向中增加了关于职业教育的内容，结合时代特征在自己的相关专业领域中勤勉劳动、建功立业。同时，文件要求职业院校学生重视劳动品质的培养，成为技能类高级人才。

遵循教育规律是新时代劳动教育在教育政策指向上的基本准则。从劳动教育外延出发，遵循教育规律是让劳动教育更加符合国家和社会的发展需求，以劳动教育为主要教育形式引导学生将个人命运与民族复兴伟业紧密相连。从劳动教育的内涵外延来说，遵循教育规律是让劳动教育回归以人为本，使教育以学生为中心，实现塑造人格、全面发展的初心。

2.强化劳动育人扭转劳动教育弱化现象

新时代中国特色社会主义劳动教育政策是立足于中国共产党百年劳动教育发展历程和对现实劳动教育被淡化、弱化的反思基础上而形成的。中国共产党的百年历史是由无产阶级领导和创造的，是一部劳动者书写的革命史和奋斗史，离开广大人民群众的辛勤劳动是无法使久经磨难的中华民族实现伟大复兴的。自新中国成立以来，虽然生产劳动与教育结合是我国社会主义教育的方针之一，但在教育实践中劳动教育在不同层次上被弱化。甚至部分家长、教师将劳动作为惩罚青少年的手段，劳动教育在一定程度上被异化。劳动在教育上的失位直接导致的是学生在成长过程中本应以人为本、以学生为中心的教育在社会发展中逐渐迷失了其本源。改革开放后，我国教育事业迎来春天，坚持素质教育工程和科教兴国战略，培养了大量人才投身于社会主义建设的洪流之中。然而由于经验不足，存在过度重视脑力劳动、忽视体力劳动的情况，劳动教育在此背景下被逐渐弱化。

新时代劳动教育政策通过发挥统筹协同能力，目的是为强化劳动育人功能，扭转劳动教育被淡化、弱化的情况，改变在青少年中出现的不珍惜劳动成果、不想劳动、不会劳动的现象。马克思曾经指出："生产劳动同智育和体育相结合，它不仅是提高社会生产的一种方法，而且是造就全面发展的人的唯一方法。"列宁也曾指出："没有年轻一代的教育和生产劳动的结合，未来社会的理想是不能想象的。无论是脱离生产劳动的教学和教育，或是没有同时进行教学和教育的生产劳动，都不能达到现代技术水平和科学知识现状所要求的高度。"这些观点说明了教育与劳动相结合的必要性。教育脱离了生产劳动，那么学生则只享用社会创造的财富而没有学习或参与到生产劳动之中，那这种教育无疑是有所缺失的，而对于以劳动者为主人的社会主义国家来说则更是教育的重大失策。当前，劳动教育在现实中并没有得到其应有的发展，劳动教育被弱化、软化等情况广泛存在。学生在成长过程中单纯享受社会劳动成果而缺失了劳动生产环节，将享受社会劳动成果视作理所当然，这也使一部分学生崇尚贪图享乐、渴望一夜暴富，过度以自我为中心。2015 年，共青团中央在《意见》中传达出重要的政策指向，一方面，体现出党和政府对中小学劳动教育的重视；另一方面，也反映出我国劳动教育长期在家庭、学校、社会全过程中被软化、淡化。对于学校而言，劳动教育认真开展不算是成绩，而劳动教育不开展也不算是过错，这也使劳动教育做不做完全成为教育者的个人意愿，而非国家需求。劳动教育在家庭、学校、社会三者的全过程中被淡化、弱化，究其根本在于我国的教育功利化。劳动教育既不能够成为学生中高考的评价因素，关系到学生升学，也没有成为职业院校、高等院校的主干必修课程。劳动教育在我国的整个教育体系中并没有得到应有的重视，学校开设劳动教育课程并没有强有力的政策支持或评价体系的倒逼。2020 年，中共中央关于劳动教育的文件在重大意义部分中指出，虽然各地均在劳动教育上有所投入，有所涉猎，然而目前弱化劳动、轻视劳动甚至是蔑视劳动的情况及其普遍，这种现象在任何国家或社会都是不正确、不健康，尤其是对于坚持发展社会主义的中国来说，更是与社会主义国家性质相违背，与中国共产党百年历史相对立，与中华民族优秀传统文化相脱离。因此，中共中央、国务院《意见》从全党全社会的角度强调针对这种负面现象必须高度重视。青少年的教育事关一个政党是否能够永葆生命力，关系到一个国家的前途命运，因此新时代中国特色社会主义劳动教育的相关政策旨在扭转当前围绕劳动教育的一系列负面影响。

二、劳动教育政策：新时代我国劳动教育政策梳理

通过对新时代劳动教育的政策进行内容整理可以发现，目前政策围绕扭转劳动教育弱化、建构劳动教育体系、提升劳动教育实践成效三大核心问题，主要通过以马克思主义劳动观和社会主义核心价值观为核心推动全社会对劳动观教育的认识；新时代中国特色社会主义劳动教育体系建设必须做好劳动教育内容体系建设和劳动教育评价体系建设的协同并进；尊重教育基本规律，以家庭、学校、社会三者贯穿劳动教育实践活动全过程，推动家、校、社三者有机协同，推动劳动教育实践活动；统筹推进场地、师资、经费等多方因素，为劳动教育提供支撑保障能力，为劳动教育的有效开展做好重要保障。

1. 关于劳动观教育的相关政策

马克思认为劳动是人类的本质活动，是劳动将人与动物从本质上区别开来。习近平总书记曾在多个场合谈及劳动和劳动者，他认为人类文明进步的规律证明劳动是人类最根本的实践活动，是人类创造财富的基本途径。因此，劳动教育是通过推动学生对劳动建立正确认识进而实现塑造学生劳动观的过程。首先，通过改革开放以来各地对劳动教育的重视，使劳动教育在实践层面逐步为学生所认识，逐步形成了生产劳动需要与教育相结合的这一概念。由此可见，新时代劳动观教育并不是在青少年学生群体之中建构一种新的价值观念，而是通过强化学生对劳动的认识进而强化学生对劳动的认同。其次，随着我国经济发展，网络信息技术的进步，诸如浪费、奢靡、炫富等社会不良风气也通过网络进入青少年学生的生活，学校需要加强对劳动观教育的宣传引导，使学生自觉规范行为，践行正确的劳动观。最后，从社会层面加强对劳动文化的建设。通过弘扬劳动精神、劳模精神、工匠精神，以精神文明建设肃清社会风气，营造良好的氛围。

针对强化劳动观认识，党的十八大以来从国家到各地先后出台了大量政策，政策内容主要由两部分组成。一是强化针对劳动观的认识，树立正确的劳动观。二是重申劳动教育的重要性，进而引导开展劳动观主题教育。教育部在新时代之初就曾经在文件中要求各级各类学校充分认识开展"三爱"教育的重要意义。共青团中央也在劳动教育的《意见》中要求，通过劳动教育提高中小学生的劳动素养，这也是新时代劳动教育政策在强化劳动观认识中反复强调的核心。劳动观关乎学生的人生态度，影响到国家的整体面貌，培养学生树立正确的劳动观，也是为青少年终身发展和人生幸福奠定基础。2017 年，国务院出台《国家教育事业发展"十三五"规划》中强调，加强劳动教育，充分发挥劳动综合育人功能。同年12 月，教育部印发《义务教育学校管理标准》，要求通过家校合作，为学生创造提供劳动机会，使学生在掌握基本生活技能的同时，培养学生吃苦耐劳精神。教育部旨在通过劳动教育引导学生崇尚劳动、尊重劳动，在生产劳动、社会服务、勤工助学、创新创业中强化对劳动观的认知。2020 年，中共中央对强化劳动观认识这一问题有着更加详细的说明。文件中开篇对劳动教育的重要意义进行了阐释，同时针对劳动观教育，文件从指导思想出发，强调通过劳动教育促进学生形成正确的价值观。

值得一提的是，《意见》中要求引导学生树立正确的劳动观的同时，要增强对劳动人民的感情以报效国家、奉献社会。这一政策在阐释劳动观的育人导向中更加清晰，内容更加具体，在一定程度上也体现了新时代劳动教育对强化劳动观问题的目标更加明确。一方面，要求学生正确认识劳动，尊重劳动，珍惜劳动成果；另一方面，要求学生尊重劳动人民，正确看待劳动相关工作和岗位，以劳动观教育推动学生形成正确的就业观。2020 年 7 月，教育部印发《大中小学劳动教育指导纲要（试行）》（以下简称《纲要》），具体指导劳动教育的开展与实施。《纲要》将劳动观念和劳动精神教育贯穿人才培养全过程，并根据新时代中国特色社会主义的发展特征对新时代劳动观教育的内容进行了补充。学生需要在劳动教育中正确理解劳动是人类发展和社会进步的根本力量，进而参与劳动、尊重劳动、尊重普通劳动者，牢固树立劳动最光荣的思想观念。将《纲要》与《关于全面加强新时代大中小学劳动教育的意见》结合分析可以发现，新时代劳动教育政策在思想层面注重引导学生树立正确劳动观，继承中华民族优良传统，弘扬开拓创新、砥砺奋进的时代精神。在行动层面以正确劳动观为引导，养成优秀的劳动习惯和品质。珍惜劳动成果，养成良好的消费习惯，杜绝浪费。针对不同学段的学生，劳动观教育内容也有所区别。面向小学生主要注重培养自觉劳动的意识，使其感悟劳动的乐趣，注重劳动过程中的安全意识。初高中学生需要在热爱劳动的基础上通过服务性劳动培养公共服务意识和担当精神，强化职业规划的意识和能力。职业院校学生要增强职业荣誉感和责任感，在工匠精神的感召下坚定职业选择，坚信各行各业均能有所提高，实现自己的人生理想。针对普通高等学校学生，需要强化马克思主义劳动观教育，从更加深刻的理论层面与实践层面开展与专业相关的创新性劳动。总体而言，强化劳动观认识是新时代劳动教育政策中的基础性内容，是劳动教育的重要目标之一，对立德树人根本任务具有重要意义。

　　为了宣传引导正确的劳动观，国家通过劳动教育政策规范宣传引导措施和行为，对各地区学校在宣传工作中提出了更高的要求。宣传引导工作在具体落实中，通过规范宣传内容、创新宣传形式、拓宽引导群体实现三者结合推进。为实现推动劳动观认识的总体目标，新时代教育政策对劳动观宣传工作的内容和形式均做出了具体要求。2013 年，中共教育部党组《关于在全国各级各类学校深入开展"爱学习、爱劳动、爱祖国"教育的意见》中对"三爱"教育的宣传引导工作做出指示。通过深入结合中国梦宣传教育,帮助学生树立正确的世界观、人生观、价值观。在这一阶段劳动观还没有作为独立的价值观念出现在文件中,但结合"三爱"教育的内容可以确定,劳动观的宣传和引导是该政策宣传引导的主要内容之一。从宣传形式上来说,各学校在宣传工作中主要依赖于开学教育、新生教育、新生党员教育、校规校纪教育等各项活动有机结合,引导教育学生只有通过劳动才能创造美好的生活和未来。截至 2018 年,以劳动教育为主题的宣传引导工作在政策上并没有特别的变化,基本上延续将劳动观教育作为价值观教育的一部分内容进行宣传引导。2018 年,为贯彻习近平总书记在全国教育大会上的讲话,教育系统内开展了大量的宣传引导和集体学习,劳动观的宣传引导工作也得到了新的发展。中共中央办公厅对劳动教育的宣传引导工作加以深化,政策对宣传引导的对象、内容、形式均提出了新的要求。其中首次在劳动教育宣传引导工作中以家庭、学校、社会三者为主要对象开展工作。同时,文件中针对社会中不劳而获、贪图享乐、崇尚暴富的错误观念坚决予以驳斥,营造全社会关心和支持劳动教育的良好氛围。结合劳动教育现状可知,宣传引导工作中不仅需要树立正面典型人物事迹、阐明正确劳动观念方法,还需要鲜明地指出什么是错误的观念,在宣传工作中营造良好的劳动文化氛围。国家针对技工院校的劳动教育宣传引导工作有着更具针对性的指导意见。2020 年,人力资源和社会保障部《关于加强技工院校劳动教育的实施意见》(以下简称《实施意见》)中要求,及时总结推广技工院校劳动教育典型经验和优秀案例。

在全社会范围内强化劳动观认识、树立正确劳动观需要通过文化建设,营造良好的家庭氛围、学校氛围、社会氛围。新时代劳动教育政策在引导推动文化建设和营造氛围工作中,坚持以习近平新时代中国特色社会主义思想为指导,在日常文化建设中强化劳动文化。新时代中国特色社会主义时期劳动教育在文化建设和氛围营造上从学校走向家庭和社会,以校园文化建设、家风建设、社会风气建设作为劳动文化建设和氛围营造的抓手，将劳模精神、劳动精神、工匠精神融入文化建设。创新文化建设方法和载体，充分发挥文化的育人功能。2013年"三爱"教育活动中要求，将"三爱"教育融入校园文化建设之中，设计不同活动，开展丰富多彩的主题班会、主题党团日、升国旗仪式、读书读报、征文演讲等活动，通过系列活动打造教育文化品牌。既要在校内开展校园文化建设活动，同时也要充分发挥校园媒体作用，激励引导学生学习先进、崇尚先进、争当先进。2020年，教育部《大中小学劳动教育指导纲要》中关于劳动文化建设做出更加具体的要求，在宣传内容上也更加具有针对性和劳动教育特色。文件提出，在构建校园文化的过程中，要将劳动习惯和劳动品质的培养纳入其中。要制定详细的劳动教育公约或是劳动工作条例规定、学期的劳动任务表，开展与劳动教育相关的兴趣小组、社团等组织方式，并与植树节、雷锋纪念日、"五一"国际劳动节等节日相结合，进行丰富多彩的劳动主题教育，形成劳动光荣、创造伟大的校园文化氛围。要举办"劳动模范大讲堂""大国工匠进校园"等劳动榜样人物进校园活动，还将对劳动技能和劳动成果进行展示，对其进行综合运用。对劳动榜样人物的事迹进行了广泛的宣传，尤其是对身边的普通劳动者的事迹进行了报道，让师生们能够在校园中与他们进行近距离的接触。近距离接触劳动模范，聆听劳模故事，观摩精湛技艺，体会和领悟勤勉敬业的劳动精神，争做新时代的奋斗者。

推动劳动观认识工作事关学生劳动意愿，是指引学生正确看待劳动、劳动人民、劳动成果的长期工程。我国新时代中国特色社会主义时期劳动教育政策中针对推动劳动观建设的要求，为劳动教育实践活动的有效开展奠定了基础。

2.关于劳动教育体系构建的相关政策

建构完善的劳动教育体系是新时代开展劳动教育工作的重点内容和中心环节，能否充分统筹资源，发挥内容建设与评价体系相互促进，理论教育与实践教育有序衔接，劳动教育专项课程与其他课程内容有机联系的作用关键在劳动教育体系建设。构建完善的劳动教育体系从宏观角度来说包括内容体系建设与评价体系建设，其作用在于让劳动教育有内容、有意义、有动力。通过内容体系建设丰富学生的劳动教育内容，让学生通过劳动课程对劳动产生兴趣，既要从理论上做好价值观教育、安全教育，又要通过实践教学活动让学生动手参与，培养动手能力和劳动技能。通过评价体系建设在学生身边树立劳动模范，鼓励学生充满热情地参与到劳动教育与实践活动中，扭转我国长久以来劳动教育与学业评价分离，劳动教育"做不做都可以，做得好不好都可以"的情况。此外，评价体系建设既包括对学生的学习过程与结果评价，也包括对教师劳动课程开展质量的评价，对学校劳动教育总体实施的评价。只有通过合理建设评价体系，才能有效推进劳动教育事业，使劳动教育开展更有成效。

劳动教育内容体系构建。新时代中国特色社会主义赋予劳动教育新的内涵，劳动教育是社会主义建设者和接班人培养的必要途径，是中国特色社会主义教育体系中的重要内容。通过对新时代劳动教育政策解读可以发现，新时代劳动教育将重点回归到人的全面发展的高度，这也是教育回归本源的重要标志。恩格斯从人类起源的思想角度，对当时欧洲盛行一时的两种教育起源论进行了驳斥，一种是认为教育源于生物起源，另一种认为教育主要源于人的心理模仿。这两种理论都没有诠释清楚人的教育的起源，而是将教育起源置于无意识的心理模仿基础上。恩格斯认为教育起源于劳动和劳动过程中的需要，人在生产劳动过程中，无论是制作生产工具或是利用工具进行生产都是将人区别于动物的重要行为本能，这种行为本质上是一种社会行为，因此教育也是人类所具有的特殊的社会行为活动。教育是传递劳动过程中积累沉淀社会生产经验的重要过程，是历史性与阶级性的统一。因此，新时代劳动教育将教育回归本源，从根源上对以劳动为主要教育内容，引导学生正确认识劳动，掌握劳动技能，在参与劳动的过程中对中国特色社会主义制度形成自觉认同。

新时代中国特色社会主义劳动教育在内涵和目标阐释中增加了关于对"五育"并举重要地位的论述，将"五育"并举作为新时代劳动教育体系建设的重要目标之一，更加深刻地解读了劳动在"五育"并举教育中的重要地位。中共中央在文件中指出，劳动教育是"五育"并举的重要载体，是"五育"并举的纽带，让学生感受到劳动对人的磨炼和成长，感悟劳动对人意志品质的锻造。德智体美劳为核心的"五育"教育之中，劳动并不是与其他四种教育处于并列关系，而是通过劳动实现对德智体美的全面培养和综合认知。以劳动为教育内容和手段，推动"以劳树德，以劳增智，以劳强体，以劳育美，以劳创新"。以劳树德是实现人全面发展的根本，人的价值判断、思想品德、社会道德的形成不仅是源于学校教育，更来源于生活环境和社会环境的综合影响，从劳动建构道德的理论蕴含并以此为基础生成道德的现实映射。道德观念的生成与社会生产关系和生产方式具有极大的关联性。封建时期的劳动道德观是将劳动视作社会最底层、最卑贱的工作，故有"劳心者治人，劳力者治于人"的说法。资本主义时期的劳动道德观，将勤劳、节约视为无产阶级的"伪道德"，现代社会中的自由、平等、人权等道德因素也不过是资产阶级的特权，在资本主义异化的劳动关系下，劳动道德也随之产生了异化。因此，新时代劳动教育中追求的以劳树德是在社会主义中国的劳动关系下，通过劳动解放实现人的全面发展，确立社会主义劳动道德观。以劳增智是实现人的全面发展的重要举措。人类通过劳动得以进步，实现发展，劳动教育中所包含的知识和内容是任何学科所无法比拟的。通过劳动既可以使学生增长知识，又可以帮助学生适应现代化建设打下坚实基础，这是其他单一教育形式所不能及的。劳动促进学生智力发展和能力提高，通过以劳增智贯彻了教育以学生为中心的理念。以劳强体是实现人全面发展的基础，人的自我解放和发展需要以健康为基础，既包括身体的健康，也包括心理的健康。劳动教育从总体内容来说以体力劳动居多，通过参与劳动出力流汗，锻炼身体，强健体魄，这对于青少年来说是极为关键的。青少年的身体正处于发育阶段，然而在目前的教育体制下，学生的身体状况并不乐观。人的身体健康是一切事业得以延续的基础，因此坚持以劳强体对学生身心发展来说至关重要。以劳育美是实现人全面发展的关键一环。马克思认为生产劳动实践产生人的审美感官和审美力。审美是通过社会实践而产生的，美是在劳动中所创造出的独特精神成果。

学生通过劳动教育提高对美的鉴别能力，能够判断美丑，明确吸收什么、扬弃什么，真正体会到劳动才能创造美。新时代劳动教育在体系构建的目标中，对育人提出了更高更具体的要求，这些要求也是新时代中国特色社会主义教育的当务之急，是顺应时代发展和需求的。

中共中央办公厅和国务院在2020年的《意见》中对劳动教育的总体目标也有着新的界定。《意见》要求在进行劳动教育的过程中，可以促使学生更深刻地了解马克思主义劳动价值观，并对劳动最光荣、最崇高、最伟大、最美丽的理念有更深的认识；认识到劳动创造了美好的生活，认识到劳动是平等的，要热爱劳动，要尊敬广大的劳动者；有了基本的工作技能，才能保证自己的生活和发展，养成良好的工作习惯。根据这一总体目标，各部委和地方党委针对不同教育对象和地区做出了更加详细的目标要求。例如，针对小学或初中学段的学生，政策更加关注对其生活技能、服务社会意愿等的培养。针对高中学生来说，需要学生在课余生活中走出校园，参与社会服务、志愿服务等活动，在实践中磨炼意志品质、升华自身精神境界，同时也将学生的劳动观教育落实到具体实践之中。人力资源和社会保障部在《实施意见》的政策全文中贯彻了对职业院校技工教育的特殊要求，在人才培养上坚持引导其成长为具有较高劳动素养的高技能人才。

课程是劳动教育开展的重要抓手，也是新时代劳动教育政策中的重点内容。通过对新时代以来我国劳动教育政策中关于推动课程建设的政策内容梳理可以发现，目前课程建设政策主要体现在四个方面，包括课程设置要求、课程内容建设、课程资源开发、学科专业渗透等。其中课程设置要求是劳动教育体系构建的前提，也是新时代劳动教育政策推动改革的创新之一。2017年教育部关于印发《中小学德育工作指南》（以下简称《指南》）的通知中，在对中小学生的课程育人要求中，提到运用综合实践活动课加强学生的劳动习惯、动手实践的培养，并在统筹地方和学校课程中开展劳动教育为主题的专题教育。《指南》中对劳动教育为内容的课程开展做出了要求，但是这一时期劳动教育还没有成为独立课程，需要依托中小学的综合实践活动课进行开展，这一政策在实施的过程中虽有助于劳动教育课程的开展，但其并不具有强制性，实际效果有限。2020年，中共中央的劳动教育《意见》中首次对课程设置做出具体要求，把劳动教学内容融入各等级学校的人才培养计划之中。为确保劳动教育能够有效落实，《意见》针对各学段特点和教学活动特征做出具体课程开设要求，为全面推进我国的劳动教学，在大中小学开设了专门的劳动教学课。在中小学，每个星期至少要有1个小时的劳动教育课程，并且在每个星期的课余活动中要有明确的规定。在高职院校，要把实践训练课程作为重要的教学手段，对学生进行劳动精神、劳模精神和工匠精神的专题教育，课时保障上至少要有16个课时。在高等院校，要把以劳动为主体的教学内容确定下来，在本科阶段的教学中保证32课时的教学内容。劳动教育作为重要的育人手段之一，国家大力倡导将劳动教育内容作为重要教学资源融入其他学科、专业的课程设计之中。此外，政策更加倾向各地区学校设立劳动周，或利用寒暑假开展集体劳动教育，高等学校通过设定"劳动月"集中落实劳动教育工作。

从课程内容建设角度来说，新时代劳动教育政策从理论教育与实践教育两方面对内容做出了具体要求。新时代劳动教育在政策引导中区别于传统课程从理论到实践的教学安排，而是在实践教育取得一定成果的基础上对理论教育做出具体要求。这种教学政策引导主要由于两个原因。一方面，劳动教育在现实开展中的实践性更强；另一方面，我国自改革开放以来劳动教育内容上倾向劳动技能教育为主，对劳动观教育存在一定弱化情况，各学校短时间内无法迅速满足劳动理论教育所需师资，因此新时代劳动教育在理论教育与实践教育安排上采用循序渐进的方式，对劳动理论教育进行了重点的补充。新时代劳动教育的课程开展形式上总体可分为三个阶段。第一阶段为"三爱"教育＋德育课程。将劳动教育的内容融入中小学德育课程、高校思想政治理论课程，充分发挥课程教学主渠道作用。

根据 2013 年中共教育部党组《关于在全国各级各类学校深入开展"爱学习、爱劳动、爱祖国"教育的意见》政策指示，"三爱"教育贯穿于国民教育全过程。同时，政策要求劳动教育需要在现有中小学语文、相关专业内容中挖掘相关教学资源和课程内容，历史、地理、高校哲学、社会科学自觉融入教学活动之中。第二阶段为劳动教育＋综合实践活动课，将劳动教育内容融入各学校特色课程，同时利用暑期实践活动和综合实践活动课落实劳动教育课程内容。这一政策为劳动教育的开展形式和课时设置做出重要的探索，明确指示开设家政、烹饪、手工、园艺、非物质文化遗产等相关课程，要求各学校严格执行中小学课程标准开设劳动教育相关课程。通过文件可以发现，第二阶段中劳动教育尚未形成独立课程并设定课时，而是通过通用技术课程和综合实践活动课程得以实现。从课程内容来说，这一时期政策针对劳动教育的课程内容并未做出明确区分，课程内容中既有家庭教育内容，也有学校和社会教育内容，在政策落实中存在一定难度。第三阶段劳动教育纳入中小学课程标准、职业院校和高等院校的人才培养规范之中，独立成为一门课程。职业院校劳动教育政策在关于教育内容和课时设置上突出劳动教育与劳动技术教育融合，教育部、人社部等多个部委针对职业院校劳动教育发文。2019 年，教育部办公厅《关于加强和改进新时代中等职业学校德育工作的意见》针对劳动教育中劳动精神、劳模精神、工匠精神等教学内容做出课时要求。2021 年，人力资源和社会保障部、国家发展改革委、财政部《关于深化技工院校改革大力发展技工教育的意见》中对上述内容进行重申。2020 年，教育部在《纲要》要求普通高校要把劳动教育融入自己的专业人才培养计划之中，对其所依赖的课程进行详细的界定，可以在现有的课程当中设置一个劳动教育的模块，还可以在学校内，为学生们提供一门有针对性的、具有特殊意义的劳动教育课程，让学生们能够在大学里学习到更多的知识。在教学中要强化马克思主义劳动观的教学，在教学中要广泛宣传和掌握与其自身发展紧密联系的普通劳动技能，同时要注重实践教学与理论教学的兼顾。2022 年，教育部正式印发《义务教育课程方案和课程标准（2022 年版）》，要求根据各学段学生身体、心理发展特征，将日常生活劳动、生产劳动、服务型劳动作为劳动教育的具体内容。在具体实践过程中构建劳动教育任务群，涵盖了包括家庭卫生、农业手工业生产、公益志愿服务等内容。新时代劳动教育更加具有可实施性和针对性。

劳动教育评价体系建设。劳动教育评价体系是针对不同年龄段学生、不同特点学生、不同专业学生的多元复合评价。新时代劳动教育在评价体系改革中必须以习近平总书记关于劳动教育的重要论述为根本，在评价体系建设中重视对学生价值观的塑造、劳动过程的参与和劳动成果的评价。《深化新时代教育评价改革总体方案》中要求，加强劳动教育，健全促进学生身心健康、全面发展的长效机制。新时代劳动教育从政策上来看，在评价体系的改革上主要体现为以下三点。首先，新时代劳动教育更加贴近劳动教育的总体目标，更加侧重学生素养的养成和综合发展，因此在评价方案中注重对学生素养形成和发展评价，与过去劳动技能教育阶段评价重心和体系区别较大。其次，新时代劳动教育评价将学生平时表现评价、学段综合评价与学生劳动素养监测相区别，不同评价侧重的内容和体系构建呈现出较大差异。最后，在评价中充分利用大数据、云计算、区块链等现代信息技术，不断改进评价方式方法。

学生综合素质评价体系是我国在素质教育改革中的一项重要内容，将"爱劳动"活动期间的表现纳入综合素质评价体系并作为一项重要指标体系。但是从政策实施角度来说，评价内容和评价制度仍不健全，在劳动教育自身弱化的情况下，劳动教育评价工作自然难以维系。2015 年，教育部《关于加强中小学劳动教育的意见》指出，学校要建立学生劳动评价制度。根据教育部文件精神，劳动教育需要具有独立的学生评价制度，从评价内容上主要是针对学生在劳动活动中的过程评价。但是从结果评价的角度来说，仅仅将学生参与情况和相关事实材料计入学生综合素质档案作为劳动教育的评价标准，对于劳动教育的推动落实效果有限。2017 年，国务院办公厅印发《关于深化产教融合的若干意见》，要求将工匠精神培育融入教育，进一步扩展了劳动教育的实施的场域。文件要求将动手实践内容纳入中小学相关课程和学生综合素质评价。2020 年，《关于全面加强新时代大中小学劳动教育的意见》中对评价体系做出新的要求，除以往对于劳动素养纳入综合素质评价体系要求外，增加了劳动技能和劳动成果展示、劳动竞赛等考核。从评价体系建构角度来说，新的政策完善了评价功能，从过程评价到结果评价使评价体系更加完整。《意见》要求建立公示、审核机制，这一要求也是为劳动教育评价结果进入学生毕业依据和升学参考做铺垫，通过评价体系倒逼个人、家庭、学校开展参与劳动教育。随后教育部在《大中小学劳动教育指导纲要》中对劳动教育的评价体系构建进行了详细的说明，总体上贯彻了《关于全面加强新时代大中小学劳动教育的意见》，体现了过程性评价与结果性评价结合，劳动素养评价体系创新与评价手段创新结合，过程监测与纪实评价并重。《纲要》对评价体系自身的反馈改进功能也做出了更加清晰的要求。

通过综合 2020 年关于新时代劳动教育的《意见》与《纲要》分析，可以将新时代劳动教育评价体系分为平时表现评价、学段综合评价、学生劳动素养监测三部分。首先，平时表现评价中突出评价的及时性，评价中更加侧重学生自我评价，并辅以教师、同伴、服务对象的相关评价。考核成绩将被记入学生的综合素质记录，并在每一学年中对学生进行全面考核。其次，高校的综合考核，将重点放在对学生的综合能力和数据的分析上，并建立起一套信用体系，对真实的数据进行随机抽取，对于弄虚作假行为进行一票否决。对于情节较重的，将会受到法律的制裁。普通高级中学、大专院校要把劳动教育的成绩当作毕业的一个重要依据，促进各年级学生的学习和就业情况的综合评估。最后，将劳动教育和素养监测纳入基础教育质量监测、高职院校教学质量评估以及普通高等院校的教学质量评估之中。鼓励委托第三方专业机构对学生的劳动素养展开调查，对学生的劳动观念、劳动能力等素养进行评测。

3.关于劳动教育实践活动的相关政策

劳动教育的实践活动是劳动教育的主要载体之一，其本质是培养创造性实践能力。实践活动作为教育的第二课堂，其对学生的兴趣培养、能力巩固具有重要意义。劳动教育最终需要通过实践活动践行教育环节，通过实践活动贯彻学生在教育中的知行合一。劳动教育是把生产劳动与教育有机地联系起来，它不仅是教育的内容与过程，也是教育的目的。新时代劳动教育需要家庭、学校、社会三者协同育人、同向同行。三者在协同过程中既要注重挖掘家庭、学校、社会三者的劳动实践活动资源，同时也要根据不同劳动场所和劳动性质为学生量身定制实践活动方案。《义务教育劳动课程标准（2022年版）》发布，其中明确将家庭、学校、社会三者在劳动教育中所扮演的地位和作用进行了明确的划分，相较于学科知识教育，劳动教育要通过社会、学校、家庭的三者协同推进加以落实。教育部在《大中小学劳动教育指导纲要（试行）》对劳动教育的实践活动时间和不同学段的实践方式均做出具体要求。根据教育部要求，中小学每周课外实践活动的时间不少于3小时，针对职业院校和高等院校更需要明确具体劳动时间并纳入日常管理。如何利用好教育部规定的时间，发挥家校社协同育人功能成为劳动教育实践活动的关键所在，探索家庭、学校、社区"三位一体"的系统合作机制将成为劳动教育实践活动的发展方向。

第一，新时代劳动教育政策推动家庭层面发挥基础性作用。家庭是最小的社会体，是社会的重要组成部分，家庭劳动教育能够让青少年在轻松自然的环境下通过劳动培养其动手能力。引导青少年参与家庭劳动，也是传承优良家风，培养家长与孩子亲密关系的重要方式。新时代劳动教育高度重视家庭劳动实践活动的育人工作。2015年，教育部在《关于加强中小学劳动教育的意见》中针对家庭劳动教育实践活动要求，弘扬优秀传统文化，引导学生参与家庭劳动。同时，文件对家校之间的关系提出了新要求，学校要为学生布置一定的家庭劳动作业，让学生在家庭劳动中提高自身的综合素质。2017年，教育部在《中小学德育工作指南》

对学生在家庭劳动中需要完成的主要任务进行了一定的说明，将劳动教育实践活动纳入中小学德育教育工作之中，引导学生参与力所能及的家务劳动。2019年，中共教育部党组《关于教育系统学习贯彻党的十九届四中全会精神的通知》在完善立德树人机制中要求加强劳动教育，从宏观层面对家庭劳动教育提出了更高的要求。政策指出要构建覆盖城乡的家庭教育指导服务体系，培养德智体美劳全面发展的社会主义建设者和接班人。2020年，《关于全面加强新时代大中小学劳动教育的意见》中对家庭劳动教育实践活动做出新要求，更加强调家庭、学校、社会之间的联动性。一方面，学生需要注重在日常生活中的劳动实践；另一方面，家长要为学生创造参与社会劳动的机会，树立良好的家庭风气。通过家长的言传身教让孩子养成良好的劳动习惯。学生参与家庭劳动的基本情况也要同时计入学生的综合素质档案中，作为家庭劳动实践活动的重要评价之一。基于家庭劳动教育实践活动的重要性，教育部在中小学劳动教育新课标中对家长提出了新要求，课程标准指出家长可以通过让学生近距离观察家长真实的工作情况，了解家长的职业特点，从父母身上切实感受到生产劳动和服务性劳动的精神面貌，培养学生的劳动精神。

第二，新时代劳动教育政策推动学校层面发挥教育主导作用。学校教育是贯彻党的教育方针的前沿阵地，是直接向党和国家输送人才的摇篮。新时代学校劳动教育承担着培养创新创造型人才的重要作用，在此基础上，学校劳动教育实践活动则更加需要扮演好劳动教育的主体作用。学校在劳动教育实践活动开展过程中要满足劳动教育开展所需的时间、空间、人员等基础条件。国家对于学校劳动教育实践活动的要求突出日常性、教育性的特点。2015年，根据教育部要求，学校要在日常运行中渗透劳动教育，有条件的学校可单独开辟出区域进行农作物的种植，通过学生认领种植"责任田"，培养学生的责任感。同时，学校在开展劳动教育的过程中要利用好学生的爱好和兴趣，办好社团、俱乐部等学生组织，通过集体实践进行成果展演等活动。2020年，中共中央、国务院明确学校劳动教育要求，着重引导学生形成马克思主义劳动观，系统学习掌握必要的劳动技能。从这一角度来说，新的文件要求对于学校劳动教育实践活动更加看重劳动的育人效果，学校要充分扮演好校内劳动教育实践活动的组织者和保障者，校外劳动教育实践活动的引导者、资源衔接者。高等教育、职业教育与技工教育在开展学校劳动教育的过程中应该突出其自身特征。

第三，劳动教育政策推动社会层面给予劳动教育实践活动支持。社会是劳动教育的最终检验的舞台，学生在劳动中学会合作、创造，建立正确的价值观念，最终需要回归到社会之中，体现其社会价值。因此，教育不能与社会分离，而是需要适度融入社会发展之中。社会需要为不同学段、不同专业、不同特点的学生提供劳动教育实践活动所需的场所，为学生搭建劳动教育平台。劳动教育实践活动中有相当一部分内容与生产劳动、服务性劳动直接相关，这些劳动场所单独依靠学校和家庭是无法提供的。因此，国家高度重视社会层面对劳动教育的支持。新时代劳动教育在初期发展阶段是将劳动教育融入学生的社会体验活动之中。2013年，教育部党组在开展"三爱"教育活动相关文件中对劳动体验活动做出指示，要求学校与社会之间建立广泛联系，组织学生走进工厂和乡村，积极开展劳动体验活动。探索学生志愿服务活动的常态化和制度化，城市里的学生定期走进工业体验实习，农村学生普及农业种植知识。通过劳动体验树立青少年尊重劳动人民和劳动成果的正确价值观。2015年，教育部在针对中小学劳动教育的文件中将校外劳动纳入学校的教育工作计划。从政策层面要求各地区学校需要对校外劳动加以落实，针对不同学段开展一定时间的农业生产劳动、工业体验劳动、商业和服务实习实践活动等。在活动形式上，政策支持通过研学实践、社会实践等形式开展劳动教育。2017年《中小学德育工作指南》中，将校外劳动纳入学校的教育教学计划，《指南》规定各学段中小学生均需要开展一定时间的劳动教育活动。2018年9月，习近平总书记在全国教育大会上强调："办好教育事业，家庭、学校、政府、社会都有责任。"《意见》中也强调了社会要发挥在劳动教育中的支持作用，要求社会各方需要为劳动教育的开展提供必要的保障，各级政府和有关部门需要协调资源，支持地方学校组织开展学生的劳动教育实践活动。新时代劳动教育政策支持社会协同开展劳动教育指导。学校可以通过邀请社区管理人员、企事业单位相关代表共同参与学校劳动教育计划的制订、课程评价、学生任务清点等工作。社会层面通过劳动文化创设等形式协同学校做好劳动教育的课程落实。

新时代中国特色社会主义劳动教育在教育政策上高度重视构建家校社协同推进的劳动教育模式，这种协同逻辑呈现出具有明显多维性和立体性的特征。劳动教育从理论和政策走向实践需要充分发挥家校社协同育人功能。新时代劳动教育长久发展更加需要从制度化、专业化角度落实好劳动教育实践活动的开展。

4. 关于劳动教育支撑保障的相关政策

新时代中国特色社会主义劳动教育是构建德智体美劳全面发展育人体系的关键因素，因此加强和发展新时代劳动教育必须坚持循序渐进的原则，以系统的视角看待劳动教育的推进。劳动教育作为一个相对完整的育人系统，从教育环节上来说也具有从课程培训、实践活动、保障体系等基础教育要素。因此，必须通过政策推动保障体系的不断完善和成熟使劳动教育得以健康有序地发展，避免再次被弱化、淡化的局面。劳动教育保障能力提升是一个完整的系统工程，劳动教育政策将保障体系通过统筹推进、场地保障、师资保障、经费保障、安全保障等五个维度进行完整构建。

统筹推进劳动教育一体化建设，强化党委领导下的设计、落实、督导体系。首先，劳动教育工作是落实立德树人根本任务的重要举措，事关党的人才培养大计。因此，劳动教育必须坚持落实党委领导原则，坚决将劳动教育落实好办好。强化新时代劳动教育组织领导工作有利于紧密把握劳动教育的育人导向，使劳动教育的开展实施更加贴合国家发展需求。坚持党的领导是体现劳动教育的社会主义性质的根本路径。新时代劳动教育开展成效直接影响到社会主义制度下人才培养的质量和水平。新时代劳动教育从一开始就是严格贯彻党对劳动教育的绝对领导，在各级党委对劳动教育的绝对统一领导下，发挥其统筹协调功能，推动顶层设计、督导评估等相关政策的落实。建立健全新时代劳动教育的长效领导机制。2013年，教育部针对"三爱"教育组织领导的问题要求，教育系统内各级党团组织要结合党的群众路线教育实践活动，把"三爱"教育的各项任务真正落到实处。在2020年的《意见》中，文件再次从国家层面重申加强组织领导的重要作用。文件指出必须在党委统一领导下，各级政府切实解决劳动教育开展过程中的重大问题，将工作落于实处。根据中央精神，各级省委需要做好劳动教育的统筹协调工作，各地方县市强化职责，推动各地形成行之有效的劳动教育长效机制，通过政策引导进一步完善组织领导、强化劳动教育实践落实的功能。其次，统筹推进新时代劳动教育需要坚持整体规划、分步实施的原则。新时代劳动教育是依托全社会共同参与实施的重要举措，需要通过顶层设计广泛调动社会资源，为学生提供良好的劳动教育环节。2015年，教育部关于劳动教育整体规划做出重要指示，通过整体规划确保劳动教育的时间、空间等落实到位。通过强化校内外双向联动，共同做好劳动教育的推进工作。最后，统筹推进新时代劳动教育要以督导检查作为劳动教育质量监控的重要手段。督导检查是倒逼劳动教育工作有效落实的必要手段，是对学校教育开展情况的有效评价。针对中小学劳动教育督导评价，国家要求将教师和行政人员在教学管理工作中开展的劳动教育实效纳入考核评价之中。2020年，我国将劳动教育纳入教育督导体系，劳动教育质量将作为衡量一个地区教育综合发展的重要指标之一。针对高等学校劳动教育评价，2021年教育部关于印发《普通高等学校本科教育教学审核评估实施方案（2021-2025年）》的通知，将劳动教育写入本科教学评估评价体系之中，"五育"并举实施开展情况成为本科教育教学审核评估的重要指标之一。中央财政将综合施策支持大中小学劳动教育，通过教育部部门预算，统筹支持大中小学劳动教育评估指标研制等工作。

场地保障是新时代劳动教育保障工作中的重点，场地为劳动教育的开展提供基础保障。根据新时代劳动教育开展情况，将场地保障工作分为校内劳动教育场地建设与校外劳动教育基地建设两部分。校内劳动教育场地建设要秉持因地制宜的建设原则。根据教育部文件精神，学校需要为劳动教育开辟教育场地，针对高校和职业院校，充分利用现有的劳动实践场所，开展适合大学生特点的劳动教育活动。在校外基地建设中，应坚持发展和共享并重的原则。在农村地区，要对土地、山林、草场等生产劳动用地进行合理的规划，成为学生的劳动教育实践基地。城市地区要对城区现有资源进行统筹，对少年宫、青少年课外活动站等场所进行充分利用，建设具有示范效应的劳动教育实践基地。各地方需合理规划，利用好国家级或地方中小学生研学实践教育基地等现有资源。2020 年，根据国家关于劳动教育新的指示，建立以县为主、政府统筹规划配置中小学劳动教育资源的机制。同年，教育部等八部门印发《关于进一步激发中小学办学活力的若干意见》，对校外劳动教育场所保障提出两点要求。一是强化与社会相关合作，建立稳定的研学实践基地、劳动教育基地、科普教育基地等。同时，社会应支持教育工作，为学生免费或优惠提供各类公共文化设施或科技场馆。二是要求各地政府提高对劳动教育基地的建设投入，多渠道协助劳动教育筹措经费，保障劳动教育实践活动得以开展。为保障劳动教育具备可用场地，自然资源部要求各地方自然资源管理部门需要综合运用国土空间统筹、存量资源有效盘活和土地复合利用等手段，拓展和保障劳动教育实践场所。职业教育与技工教育在开展劳动教育过程中对场地要求具有一定的特殊性。因此，国家针对职业院校与技工院校在劳动教育场地保障中要求，推广优质企业参与校企共建生产实训基地等方式。同时，职业院校与技工院校需要发挥自身劳动教育场地优势，深化与中小学和高等院校的场地共享共建，提高学校服务能力和水平。

劳动教育经费问题是困扰大多数学校劳动教育开展的核心问题，国家为推动劳动教育事业，连续出台政策强化经费保障，发挥政策对教育资源和经费的调配作用，多方开辟经费来源保障劳动教育能够顺利开展。劳动教育经费问题不仅要解决好经费从哪来的问题，还需要设计好经费如何管理的问题。因此，健全劳动教育经费投入机制和经费管理机制格外重要。根据 2020 年《关于全面加强新时代大中小学劳动教育的意见》的要求，各地区要拓宽资源筹措渠道，统筹好中央经费和地方财政支出。针对部分地区劳动教育场所不足、劳动教育实践基地缺少等问题，要加大经费投入，建立健全学校劳动教育器材耗材补充机制。在技工院校的劳动教育经费保障上，人社部要求各地技工学校可采用政府购买的形式开展劳动教育、各地区要大力协调有关部门协调经费筹集。各地学校可按照统筹经费开展劳动教育，健全劳动教育经费专项管理制度。2021 年，教育部关于印发《加强和改进涉农高校耕读教育工作方案》的通知，涉农院校应为耕读课教师队伍建设、实践基地建设、耕读课教改专项研究等提供一定的资金支持，以提高涉农院校的劳动教育质量。

新时代劳动教育的发展离不开成熟的师资保障机制。教师是现代教育事业的第一资源，劳动教育师资匮乏也是开展劳动教育的障碍之一。教师作为劳动教育的主要实施者，同时也是劳动教育"三全育人"过程中的主导者。因此如何通过政策手段打造一支专职教师结合兼职聘任的教师团队，充分调动师资团队积极性成为师资保障工作的重点。新时代劳动教育在政策引导中，主要体现建设一支专职的教师团队、聘请社会兼职教师，以推动劳动教育教师发展。首先，国家大力扶持专职教师队伍建设工作。学校劳动教育教师队伍建设要基于现实状况，目前我国学校劳动教育教师队伍建设在政策上有两大举措。一是各地方学校加快配齐劳动教育专职教师。2019 年，教育部在中小学教师培训计划中提出各省（区、市）、各项目承担单位要服务基础教育改革发展中心工作。二是确保专职劳动教育教师在工资待遇、职务聘任、评选先进等方面与其他学科教师同等对待，保障劳动教育教师待遇公平，防止出现劳动教育专职教师与其他教师之间出现职业歧视差异。其次，制定符合地方学校实际情况的兼职教师聘任模式。国家大力鼓励各地方学校通过聘请事业单位代表、社区工作人员、劳动模范、大国工匠等一线劳动者兼职为学生担任劳动教育教师，构建专兼职一体化的劳动教育教师队伍建设。最后，教师队伍建设要协同教师发展工作，为教师搭建教师培训、教学竞赛、教学研究等平台，推动教师成长与劳动教育事业成长同向同行。根据教育部要求，对劳动教育教师开展培训教育，配齐劳动教育教研员，定期开展教研活动和教学竞赛，提高教师的教学能力。人社部对劳动教育教师发展提出更加具体的要求，在劳动教育纳入教师培训内容的基础上开展全员培训，贯彻习近平总书记对新时代教师的要求，增强教师的劳动意识、劳动观念。

多方面强化劳动安全保障是劳动教育开展的重要基础。安全保障是开展劳动教育的前提基础，是学生劳动教育的第一课和最重要的一课。将生命安全置于劳动过程中的第一位对培养学生职业安全素质具有重要意义，充分保障学生的健康安全发展也是我国素质教育中的重要组成部分。一方面，劳动教育安全管控机制是安全保障工作的基础，需要政府高度重视负责，由全社会协同参与构建。劳动教育作为全社会共同参与的教育实践活动，需要建立起政府为主，家、校、社三者协同的风险分散机制。国家鼓励为学生购买劳动保险，通过机制保障劳动教育有序开展。另一方面，要建立针对劳动实践活动的应急与事故处理机制。在开展劳动实践教育之前，各级组织要严格审核劳动教育实践环节、场地和生产劳动风险。针对劳动实践中有可能出现的辐射、疾病传染等问题严格清除，对所在场地、生产流程、操作规范等问题要在劳动教育中落实到位。在开展劳动教育实践之前将各方责任明确，根据具体劳动教育活动制定好完善的事故处理机制。针对技工类院校的劳动教育和实习实训教育，人社部要求定期对实训场地管理人员开展应急处置培训工作，对未通过考核的人员禁止进入实习实训场地。

三、劳动教育成效：新时代我国劳动教育政策实施效果

新时代中国特色社会主义劳动教育政策在国家的大力推动下取得了一定的成绩，各地方积极响应党中央号召，从劳动观念、劳动能力、劳动精神、劳动品质等四个方面入手，逐步形成了具有各地特色的劳动教育成果。这四个方面本质上是回答培养什么人、怎样培养人、为谁培养人这一我国教育的根本问题。然而，

由于各地劳动教育长期被弱化、淡化，加之新时代劳动教育发展时间较短，且发展时间主要集中在 2020 年末至今，目前劳动教育主要成效集中于学校劳动教育层面。根据教育部《义务教育劳动课程标准（2022 年版）》要求，各地方将于 2022 年秋季学期全面实施中小学劳动教育课程。因此，各地方新时代劳动教育发展尚处于逐渐成熟阶段，各地劳动教育政策的主要成效将进一步被凸显。

1. 树立正确的劳动观念

新时代劳动教育政策改善了劳动教育弱化等问题。高校劳动教育在我国教育中长期处于被忽视的地位，劳动价值教育也长期是技术教育的"附赠品"。习近平总书记要求把劳动教育纳入社会主义建设者和接班人的总体要求之中，从此高校劳动教育逐渐被各地方学校重视起来。2021 年 10 月，全国中小学劳动教育现场推进会中，各地集中展示了三年里劳动教育所取得的成果，从各地所展示的成果中可以发现，更多学生梳理了正确的劳动观念，这是新时代中国特色社会主义劳动教育政策实施的主要成就。

树立正确的劳动观念是新时代劳动教育政策的主要目标之一，高校劳动教育力图突破现有学生价值观偏差，使价值观教育卓有成效必须通过劳动树立正确的价值观，扭转现有对劳动的错误认识。一是通过劳动践行勤俭品德，扭转"消费主义"价值观偏差。例如，海南省通过结合地方特色、生产环节、历史文化等因素，开展田园耕作劳动。依托国家南繁科研育种基地，开发热带生态农业示范教育课程等。海南省目前开设 75 个田园课程，建设 230 余所学校进行田园课程实践。通过田园教育、农耕教育使学生领悟劳动创造财富，劳动最光荣，培养学生的勤俭品德。二是通过劳动践行奋斗精神，扭转"佛系""躺平"价值观偏差。我国人口基数大、人口结构特殊、人才竞争环境比较激烈，在这种环境下当代青年学生所面临的工作、学习、生活压力越来越大，在面对困难时会表现出丧失方向、随波逐流等负面情况。在劳动教育中引导青少年树立奋斗精神，正确面对困难与挫折，是高校劳动教育的重要作用之一。"培养学生们吃苦耐劳精神、奋斗精神尤为重要，也更有挑战性。对学生的劳动教育不仅要有量的规定，还要有质的要求，要坚决防止形式主义，防止弄虚作假和走过场，让劳动精神在学生心中落地生根。"黑龙江省突出地方资源特色，打造"五色"教育模式，将"红色"基因融入学生劳动观教育中。三是通过劳动践行创新拼搏，扭转"盲目从众"价值观偏差。创新精神涵养在中华民族千百年辛勤智慧之中，孕育在中国共产党人勇于改革实践的时代精神之中。创新能力不是天生的，而是通过后期实践教育培养生成的。例如，湖北省在推广劳动教育课程体系建设中，将创新性劳动实践作为重要内容进行建设。江苏省打造"劳动教育+"的职业体验课堂，以市级12个科技俱乐部为载体，开设科技创新类特色课程，因地制宜实施劳动科技教育。四是劳动践行奉献精神，扭转"利己主义"价值观偏差。马克思所奉行的共产主义道德准则具有鲜明的利他性和无私性特征。奉献精神也是社会主义核心价值观的重要内容。劳动教育中通过服务性劳动旨在培养学生的社会奉献精神，纠正青少年群体中的利己主义之风，倡导正确的劳动价值观念，发挥政策引导作用，在劳动教育中弘扬奉献精神，树立正确的价值观念。

2. 强化必备的劳动能力

新时代劳动教育政策使学生掌握并强化了必备的劳动能力。使学生熟练掌握劳动过程中基本的科学知识和劳动技能，学会使用常见的劳动工具，具备完成劳动任务所需的体力、智力、团队合作能力等，是新时代高校劳动教育的培养目标之一。新时代以来，党中央在劳动教育政策中更加侧重学生劳动能力的掌握，并根据学生学段不同进行了难度划分。这一举措使劳动教育在劳动能力培养上更加具有针对性和可实施性。

新时代劳动教育政策在劳动能力的强化上也更加突出时代需求，主要体现为三方面。首先，要求学生具备基本的劳动科学知识与技能、学会使用劳动工具的基础劳动能力。2022年，教育部制定的义务教育课程方案和课程标准中针对中小学义务教育阶段的劳动教育能力培养有着详细的要求，例如：要求小学阶段掌握简单烹饪工具、器皿的使用方法和注意事项，针对中学阶段则要求掌握常用家电的使用和保养维修方法。在新时代劳动教育政策下，家庭与社会双向联动，学生的基础劳动能力得到了提升。其次，兼顾体力劳动与脑力劳动并重的综合劳动能力。新时代劳动教育政策在发挥引领作用时并没有偏废，不同于建国初期劳动教育政策侧重于生产劳动和体力劳动，也区别于改革开放时期体力劳动教育的弱化。新时代劳动教育政策明确指出既要让学生在劳动实践中出汗出力，也要提升学生的创新能力。新时代劳动者不仅需要爱劳动、会劳动，还要懂技术、能创新。在新时代劳动教育政策的要求下，全国各高校创新劳动教育模式，在综合劳动能力培养上取得了巨大成效。例如，武汉大学将劳动教育融入创新创业。强化科研创新训练，以科技创新类赛事为抓手，带动提升学生自主完成创新性研究的能力。近5年学校学生共获得中国国际"互联网＋"大学生创新创业大赛、"挑战杯"全国大学生课外学术科技作品竞赛等赛事奖项835项。同时，学校为创业团队提供孵化服务，带动就业1000余人。厦门大学将劳动实践教育纳入就业创业训练，每年立项1000项，实实在在为学生搭建创新平台，服务学生综合劳动能力发展。最后，具备在公共服务中团队协作、解决突发事件的社会劳动能力。大学生集体劳动有较强的社会属性，往往具有参与人数多、活动范围大、社会环境复杂、突发事件多等特点，因此，新时代劳动教育政策强调引导学生积极参与社会实践与公益活动，培养学生奉献社会和团结协作能力。截至目前，上海已有2015家学生社会实践基地提供了81万余个志愿服务、公益劳动岗位，让中小学生在出力流汗中体验平凡劳动的艰辛与不易。新时代劳动教育政策关注学生劳动能力的强化与提升，以家庭、学校、社会多元联动，为劳动能力教育提供了保障与引导。通过强化学生劳动能力塑造学生劳动素养，"以劳育人""以劳树德"，对新时代劳动教育发展具有基础性作用。

3. 培育积极的劳动精神

新时代劳动教育政策重视学生劳动精神的养成，充分吸收了中华优秀文化的精华，对青年一代寄予了更高的期望。首先，新时代劳动教育政策引导学生厉行勤俭，培育学生珍惜劳动成果、勤劳创造财富的觉悟。习近平总书记指出，"不论我们国家发展到什么水平，不论人民生活改善到什么地步，艰苦奋斗、勤俭节约的思想永远不能丢"。改革开放以来，中国经济发展取得了巨大突破，物质财富得到了极大积累，青年一代在此背景下成长，难免会滋生奢侈浪费的不良作风。因此，新时代劳动教育政策强调经济落后时提倡勤俭节约，经济发展后一样要坚持厉行勤俭。随着新时代劳动教育政策的出台并落实，各地区坚持落实党中央要求，培养学生勤俭节约的优良传统，越来越多的学生自觉践行勤俭节约的劳动精神，在精神建设上取得了明显成效。新时代劳动教育政策引导学生艰苦奋斗，培育了学生建功新时代、勇担民族复兴使命的担当。其次，新时代青年是祖国和民族的希望，是实现中华民族伟大复兴的接续力量和动力来源。建设社会主义现代化强国离不开青年一代艰苦卓绝的奋斗和努力。因此，新时代劳动教育政策在培养学生劳动精神中重视学生艰苦奋斗精神的养成，政策要求各级学校要自觉肩负好培养学生艰苦奋斗精神的时代重担，让新时代青少年在每件小事中践行艰苦奋斗的精神。最后，新时代劳动教育政策引导学生创新劳动，甘于奉献，面对国家危难义不逃责的决心和无私奉献的精神。甘于奉献是中国共产党人的光荣传统和劳动情怀，是每一个无产阶级劳动者的精神写照。无论是革命战争年代为国捐躯的红军战士，还是像钱学森、邓稼先等为新中国建设奉献一生的老一辈知识分子，他们都在各自的岗位上甘于奉献、披肝沥胆。新时代劳动教育政策积极引导学生向他们学习，大力培养了学生甘于奉献的劳动精神。

4. 塑造良好的劳动习惯和品质

新时代劳动教育政策引导学生自觉自愿，促使学生的劳动品质得到塑造。新时代劳动教育政策引导学生能自觉自愿、坚持不懈地参与劳动，能在劳动中养成认真负责、诚实守信的优良品质，能在实践中发挥创造性劳动的潜能，能珍惜劳动成果、杜绝浪费。习近平总书记指出，"实现我们的奋斗目标，开创我们的美好未来，必须紧紧依靠人民、始终为了人民，必须依靠辛勤劳动、诚实劳动、创造性劳动。"因此，新时代劳动教育政策的目的在于养成受教育者辛勤劳动、诚实劳动、创造性劳动的劳动习惯，具备自立自强、诚实守信、勤俭奉献、勇于创新的劳动品质。

新时代劳动教育政策以学校劳动教育为主线，强调家校社三者协同教育，塑造学生劳动品质。新时代劳动教育政策可在调整人才培养方案、规范实习实训、保障社会实践三方面对学生劳动习惯和品质进行培养。首先，在人才培养上，将劳动素质作为各阶段学力评价的重要指标。同时，教育政策对相关课程也提出了极为具体的要求，针对课程的开展时间、形式、主题都做出了具体要求，各教学单位要将课程开展工作落实到一线教师，确保劳动教育切实有效开展。新时代劳动教育政策致力于改革人才培养方式，家庭、学校、社会多方参与，为学生劳动教育搭建平台，企业、社区、共青团、妇联等各类社会组织发挥协同作用，对学生劳动教育成效展开综合评价。其次，在规范实习实训上，新时代劳动教育政策侧重从实践中连接教育资源与平台，有效培养学生劳动习惯和品质。最后，在保障社会实践上，新时代劳动教育政策积极引导学生参与到社会实践中去，引导社会组织开展各式各样的志愿活动。一方面，为学生参与社会实践搭建平台；另一方面，保障社会实践活动的安全性和教育性。新时代劳动教育所面临的外部环境发生了翻天覆地的变化，人民群众物质生活日益富足，精神生活逐渐充实，而劳动形态也在信息化社会的发展中发生变化。因此，新时代的劳动教育方针，要帮助学生形成良好的劳动习惯，提高学生的劳动素质。让孩子们用自己的双手，用诚实的劳动去创造自己的幸福生活，让孩子们在劳动中锻炼自己的人格。重视与学生的学科专业相结合，将良好的劳动习惯和品质培养与学生的专业学习、职业规划等密切联系在一起。

中国特色社会主义进入新时代，劳动教育的发展也进入了新阶段，与劳动教育相关的教育政策内容更丰富，内涵更深刻，覆盖面更广。党的十八大以来，习近平总书记高度重视劳动教育，强调把劳动教育纳入培养社会主义建设者和接班人的总体要求，构建德智体美劳全面培养的教育体系。新时代劳动教育更加要求明确社会主义教育根本任务，构建劳动教育育人体系。目前，政策围绕扭转劳动教育弱化、建构劳动教育体系、提升劳动教育实践成效三大核心问题，主要通过以马克思主义劳动观和社会主义核心价值观为核心推动全社会对劳动观教育的认识；新时代中国特色社会主义劳动教育体系建设必须做好劳动教育内容体系和评价体系建设的协同并进；尊重教育基本规律，以家庭、学校、社会三者贯穿劳动教育实践活动全过程，推动家、校、社三者有机协同，推动劳动教育实践活动；统筹推进场地、师资、经费等多方因素，为劳动教育提供支撑保障能力，为劳动教育的有效开展做好重要保障。

第六节　我国开展劳动教育的经验启示

回顾中国共产党开展青年学生劳动价值观及教育的历史过程，我们可以总结出以下几个方面的实践经验和历史启示：

一、坚持科学理论，以坚定教育的正确方向

高校劳动教育是马克思主义世界观、人生观和价值观的具体体现和重要内容，因此其具有鲜明的马克思主义的意识形态特征。作为党的思想政治教育的有机组成部分，开展高校劳动教育不仅是马克思主义世界观的具体要求，也是顺应现实的时代要求。开展高校劳动教育，要以马克思主义科学理论为基础，以理想信念教育为主要内容，帮助大学生树立社会主义核心价值观。通过长期的高校劳动教育实践，我们党总结出对高校劳动教育在整个劳动教育体系中的重要地位。同时也认识到，坚持马克思主义科学的世界观和方法论是开展高校劳动教育的重中之重。从长远发展的角度出发，我们党深刻剖析了高校劳动教育并不等同于"单打独斗"的个人奋斗教育。高校劳动教育要坚持以马列主义及其中国化内容为内核，

是建立在科学理论和历史规律基础之上的。与此同时，要避免极端化，一味地做"闭门造车"的"苦行僧"；也要反对艰苦奋斗"过时论"等错误观点。

二、坚持立德树人，以把握教育的根本目的

立德树人作为新时代高校的重要使命，与劳动教育具有高度的一致性与统一性。高校开展教育的目标和任务就是帮助大学生得以全面发展，这也是现代教育的终极目标。高校劳动教育作为思政教育重要的组成部分，其也是大学生实现全面发展过程中不可缺少的一个重要环节。只有在大学生群体中持续推进高校劳动教育，才能培养大学生自强自立、艰苦奋斗的品质。

在大学生思政教育长期的实践中，我们党不断总结经验得到，高校劳动教育的出发点是立德树人，最终目标是大学生的全面发展。在新中国成立后，我们就倡导学生建立包括爱劳动在内的"五爱"优良品质，树立起为人民服务思想；后来不断完善该思想，提出不仅要为人民服务，还要为社会主义服务，积极树立包括劳动观点在内的"四个观点"；再到改革开放以后"四有"青年以及具有社会主义核心价值观、为实现中国梦矢志艰苦奋斗的接力者。从上述培养目标不断演进的过程中我们可以看出，无论时间怎么改变，促进大学生全面发展的这一宗旨始终没有发生改变。在这里需要强调的是，上述培养目标中党始终把劳动教育作为培养的关键，其内在原因就是想通过劳动本身激发大学生对劳动的正确认识，即帮助大学生养成正确的劳动价值观，让大学生能够不断地充实自己，进而实现自身的全面发展。不可否认的是，以上目标在实现的过程中并非一帆风顺，甚至经历过一些坎坷，但从总的趋势上来看，对于大学生的全面发展还是有很大的促进作用。因此，只有坚持以立德树人为中心任务，以大学生全面发展为最终目标，才能够实现高校劳动教育成果的转化，实现德智体美劳的全面发展，成为中国特色社会主义事业的合格建设者和可靠接班人，否则高校劳动教育会出现偏差，偏离正确方向。

三、坚持全程育人，以提升教育的实际效果

高校劳动教育内隐于劳动教育政策的更迭发展，在实践中发挥着思想政治教育的应有功效。"思想政治工作是经济工作和其他一切工作的生命线。"要辩证看待劳动教育和思想政治教育之间的关系，二者即相互联系，又彼此影响。思想政治教育是劳动教育延续和发展的基础，而劳动教育是思想政治教育的重要方式。纵观党对青年学生劳动教育的发展历程，主要是由关注政治导向下整体的思想改造，向关注个体的思想素质发展。新中国成立初期，劳动与教育相结合仅是改造思想的一种手段，参加生产实践活动被视为新教育的重要内容，因此出现了"上山下乡"运动等劳动教育相关的事件，类似这样的活动磨炼了知识分子的意志，培养了艰苦奋斗的毅力，甚至在今天仍散发着余热。"文革"时期，对劳动教育的认知和定位出现了偏差，将劳动教育定义为劳动改造，并且成为阶级斗争的工具，其关键的原因就在于对劳动教育中的"教育"二字把握出现了错位，曲解了劳动教育的教育功能。改革开放以后，劳动教育为更好地适应学生需要，范围也在不断扩大，从原来的体力劳动、脑力劳动逐步发展到心理领域、伦理领域等。通过上述的分析可以看出，劳动教育的功能从最开始的关注整体到后期关注个体，并且根据个体的需要在不断地改变其功能。由此，我们在开展高校劳动教育的过程也应该注意到个体需求，特别是对于大学生群体来说，不同的阶段其对事物的认知和分析能力有所不同，因此要"因人而异"，根据各阶段学生发展规律，有侧重、有策略地开展高校劳动教育，构建完备的高校劳动教育体系，将高校劳动教育作为一种常态工作稳步推进。

四、坚持改革创新，以提高教育的科学水平

党的高校劳动教育能够源远流长，其重要的原因就是它具有强烈的时代特征以及对客观规律的真实把握。高校劳动教育的本质、宗旨必须始终如一地恪守与秉承，但是教育的手段不能够一成不变，应当随着社会的发展和大学生的需要不断地推陈出新。在继承传统方式的同时，也要超越过去目标内容空泛、方式单一

等窠臼。一是要从思想理论层面进行创新，将马克思主义劳动价值观融入大学生自我教育当中，提高大学生自我修养的能力，使得学生在自我教育实践中主动接受科学劳动价值观的熏陶与浸染；二是要从实践进行创新，使大学生养成热爱劳动、乐于实践的优良品格，积极踊跃投身于社会实践，在服务社会和奉献自己的过程中实现伟大的价值；三是从朋辈教育层面创新，大力挖掘塑造看得见、摸得着的榜样形象，通过树立大学生身边的可信、可亲、可敬、可学的模范典型，激发大学生向优秀模范人物对标对表的内在动力，以矢志艰苦奋斗精神实现青春理想。

五、坚持客观规律，以实现教育的本质回归

改革开放之前的教育方针更多的是在强调意识形态的政治属性，在人才培养目标上也主要是为了培养无产阶级事业的接班人，明显具有"左"倾思想的特征。为了更好地服务阶级斗争的需要，工农业生产劳动超过了知识学习，在当时教育事业中排在首位，这也成为社会主义现代化建设人才严重不足的重要原因。改革开放的到来，国家的经济建设工作得到了迅速的发展，在这个过程中专业技术人才扮演着重要角色，但由于之前过分强调教育的生产属性以及在意识形态方面的疏忽，导致了我国社会主义现代化建设专业技术人才的严重短缺。邓小平对于该现象也评论道："十年来我们的最大失误是在教育方面，对青年的政治思想教育抓得不够。"无论是教育的生产属性还是其意识形态属性，二者应该是一个统一的整体。它们充分发挥功能的前提是相互有机结合，只有这样才能够真正产生教育培养"劳动者"和"社会人"的效果。从我国几十年的教育实践也可以看出，不可偏废或过犹不及地认识教育的意识形态属性和培养劳动者的生产属性，否则对全面实现教育的本质、培养社会主义事业的建设者和接班人、顺利推进中国特色社会主义事业都会产生不利影响。

劳动教育是中国特色社会主义制度的重要内容，高校劳动教育作为社会意识形态教育不可缺少的一部分，是中国共产党始终坚持的育人方针，对社会主义建设者和接班人的劳动精神面貌、劳动价值取向等起着关键的作用。新民主主义革命时期，中国发展环境艰苦，党员、军队和军政干部等的劳动价值观培养尤为重要；新中国成立之后，在社会主义革命与建设时期我们党把崇尚劳动价值理念贯穿全程；改革开放以来，党的高校劳动教育重心逐渐与时代发展相结合，强调脑力劳动和体力劳动的关系，确定劳动教育的重要地位；进入中国特色社会主义新时代后，开创劳动教育新局面，进一步丰富了劳动教育的内涵。回溯中国共产党开展高校劳动教育的历史实践，总结经验启示，对新时代高校劳动教育有积极的借鉴意义。

第四章

新时代高校劳动教育的主要内容

中国特色社会主义进入了新时代，高校劳动教育也进入了新时代。新时代的大学生群体以"90后""00后"为主，在此时代背景下成长成才、奉献社会、报效祖国的大学生群体不同于以往任何一代青年，有着鲜明的时代责任、历史使命和个性特征，其劳动的观念意识、能力素质、精神品质和习惯养成明显不同。习近平总书记在进入新时代伊始，就在各个不同的场合，先后多次向全社会发出号召，号召全社会热爱劳动、尊重劳动，夯实劳动创造美好生活的坚实信念，在此基础上，习近平总书记的一系列有关劳动教育的重要论述，为我们今后开展高校劳动教育指明了方向，对此，加强学习研究，意义重大，影响非凡。

第一节　新时代高校劳动教育的内涵与外延

习近平总书记在全国教育大会上首次将劳动教育明确为全面发展教育的重要组成部分，提出了建构德智体美劳全面培养的教育体系的总要求。这一思想指引"历史性地把劳动教育从传统意义上促进青少年全面发展的有效途径提升为重要教育内容"，也预示着新时代劳动教育需要有不同于以往的新体系、新设计。准确辨析新时代高校劳动教育的内涵与外延，是完成新时代高校劳动教育新体系设计的基础。内涵与外延是对概念指称的事物本质属性及其适应范围的概括。辨析新时代高校劳动教育概念的内涵与外延，就是在辨析其属性概念即在劳动教育的内涵实质基础上，紧扣"新时代"和"高校"二词反映的种差特点，进一步明确新时代高校劳动教育应该"是什么"和"教什么"。

一、劳动教育概念的内涵辨析

分析以往劳动教育的有关定义可以发现，人们对劳动教育的本质属性认识大体可以分为四类。

1.将劳动教育主要视为德育的内容

《辞海》对劳动教育的定义是："对学生进行热爱劳动和劳动人民、珍惜劳动成果、树立正确的劳动态度、通过日常生活培养劳动习惯和技能的教育活动。"《中国大百科全书》中将劳动教育定义为："使学生树立正确的劳动观点和劳动态度，热爱劳动和劳动人民，养成劳动习惯的教育，是德育的内容之一。"这两个定义更强调劳动教育的德育属性，直接将劳动教育定义为德育的一部分，侧重热爱劳动和劳动人民的情感、正确劳动观念和态度的培养，把劳动习惯和技能的教育看作是日常生活培养的结果，并不突出劳动教育的智育价值。

2.将劳动教育主要视为智育的内容

《教师百科辞典》对劳动的定义是："劳动教育就是向受教育者传播现代生产的基本知识和技能，培养他们具有正确的劳动观点、劳动习惯和热爱劳动人民、劳动成果的感情。劳动教育十分重视劳动过程中的智力因素，把平凡的劳动同创造性劳动结合起来，把简单的劳动与富有知识的劳动结合起来。"成有信在其《教育学原理》中更是直截了当地将劳动教育定义为："培养学生具有现代工农业生产的基本知识和基本技能的教育。"这两个定义更强调劳动教育的智育属性，将劳动教育的主要价值定位为传播现代生产基本知识和技能，提高社会劳动生产的智力水平。

3.将劳动教育视为德育和智育的综合体

《中国百科大辞典》在劳动技术教育词条下对劳动教育和技术教育做了分别解释："劳动教育是以劳动实践为主，结合进行思想教育。技术教育是使学生掌握一定的生产知识及技术和劳动技能。其实施有利于培养学生的劳动观点、劳动技能和劳动习惯，为普通教育和职业教育打下基础。"也就是说，劳动教育更偏重德育，技术教育更偏重智育，二者相结合共同培养劳动观点、劳动技能和劳动习惯。黄济认为，劳动教育是一个涉及范围很广的概念，"但从其基本任务而言，不外两大方面：一是劳动技能的培养，二是思想品德的教育。在学校的劳动教育中，常常是二者兼而有之。"徐长发认为："劳动教育是使青少年学生获得正确劳动观念、劳动习惯、劳动情感、劳动精神，了解和懂得生产技术知识，掌握生活和劳动技能，在劳动创造中追求幸福感的育人活动。它包括劳动思想观念的教育、劳动技术知识和劳动技能的教育。"这些定义均强调劳动教育的思想品德教育和知识技能教育双重属性。

4.将劳动教育视为促进学生全面发展的实践教育形式

陈勇军认为，"劳动教育的本质是指通过参加劳动实践活动所进行的一种有目的、有计划、有组织的培养受教育者多种素质的教育活动，是融合德育、智育、体育、美育为一体的全面提高学生素质的综合性教育。"可见，陈勇军倾向于将劳动教育视为学生参加劳动实践活动的教育形式，并借此全面提升德智体美各方面素质。许多教育家也倾向于将劳动教育理解为结合儿童生活和社会生产实际进行的"做中学"的活动。苏霍姆林斯基认为，"劳动教育是对年轻一代参加社会生产的实际训练，同时也是德育、智育和美育的重要因素"，其劳动教育的理想追求是"使每一个人早在少年时期和青年早期就能领悟到劳动能使他的自然天赋更全面、更明显地发挥出来，劳动会带给他精神创造的幸福"。可见，苏霍姆林斯基把劳动教育视为让学生参加社会生产实际训练的形式，通过这一形式渗入德育、智育和美育，全面发挥儿童的自然天赋。陶行知也把劳动教育视为"在劳力上劳心"的实践活动。他说，"中国教育之通病是教用脑的人不用手，不教用手的人用脑，所以一无所能"，劳动教育的目的就在于"谋手脑相长，以增进自立之能力，获得事物之真知及了解劳动者之甘苦"。可见，伟大的劳动教育实践家们更倾向于把劳动教育理解为"做中学"的实践形式，在劳动教育的目的方面，他们更强调劳动教育之于个体发展的内在价值——激发劳动热情、促进认知发展、提高实践能力、养成良好个性。

从前人关于劳动教育的定义分析可以发现，劳动教育既是一种教育内容，又是一种教育形式。作为内容，劳动教育可以理解为"关于劳动"的教育，它应该是与德智体美四育并举的概念，有自身独特的教育任务——热爱劳动和劳动人民的情感的养成，正确的劳动观念和劳动态度的培养、劳动习惯和劳动技能的培养等，但由于劳动教育的这些内容被认为可以包含在广义的德育和智育范围内，所以，劳动教育一直没有取得与德智体美四育平等的地位。作为形式，劳动教育可以理解为"通过劳动"的教育，就是让学生通过生产劳动的实际锻炼，全面发展德智体美各方面素质。当劳动教育被视作教育形式时，它就只是完成各教育形式任务的载体，难以取得与其他各教育形式平等的地位。可见，劳动教育在学校中被弱化现象的出现，与劳动教育本身的性质和在国民教育体系中的地位不明确有很大的关系。因此，要落实习近平总书记提出的"要努力建构德智体美劳全面培养的教育体系"的总要求，首先需要着力解决的就是劳动教育在整个教育体系中的性质和地位问题。

5. 对劳动教育概念的再认识

作为全面发展的教育体系的一部分，我们既要看到劳动教育作为形式所具有的"树德""增智""健体""育美"的综合育人价值，更要看到劳动教育作为内容在国民素质养成中所具有的德智体美四育不可替代的独特价值。因为作为合格的公民，每个人都应工作，都得劳动，所以，具备基本的劳动能力以及对劳动的正确认知、价值观和生活态度是最基本、最重要的公民素质。从这一认识出发，2015 年，中共中央、国务院印发《关于构建和谐劳动关系的意见》，要求各级党委和政府从夺取中国特色社会主义新胜利的全局和战略高度，深刻认识构建和谐劳动关系的重大意义，把构建和谐劳动关系作为一项紧迫任务，采取有力措施抓实抓好。从长远看，构建和谐劳动关系，不仅需要各级党委和政府制定规范、健全机制，更需要在学校教育阶段就为学生提供相对系统而完整的劳动教育，使学生将来不仅带着胜任工作的基本劳动知识与技能，而且带着正确的劳动价值观、劳动伦理观和劳动权益意识步入职场。经过了这种系统的教育后，如果学生将来在工作中，无论是作为资方还是劳方，都能在合法维护自身权益的同时积极承担自己的劳动伦理责任，都能从社会分工的角度正确认识双方的角色和相互依存关系，那么，劳动关系领域的冲突与矛盾必然会极大降低，和谐劳动关系与社会主义和谐社会的构建才会有长治久安的内在基础。因此，劳动教育理应成为国民教育体系中与德智体美四育并举的专门一部分。

二、新时代高校劳动教育的内涵分析

基于对以往劳动教育概念的分析，充分考虑新时代劳动发展趋势及高校人才培养的特殊性，本研究尝试定义：新时代高校劳动教育是高等教育人才培养体系的重要组成部分，是顺应新时代劳动发展趋势对大学生进行系统的劳动思想教育、劳动技能培育与劳动实践锻炼，全面提高大学生劳动素养的过程，其目的是引导新时代大学生在劳动创造中追求幸福感、获得创新灵感，培养具有社会责任感、创新精神和实践能力的高级专门人才。该定义从五个方面明确了新时代高校劳动教育的本质属性。

1. 在地位上，应被明确为高等教育人才培养体系的专门一部分

劳动教育有自身独特的育人价值，理应从促进学生全面发展的有效途径提升为与德智体美并举的、全面发展的人才培养体系的一部分。高等教育阶段是高素质劳动者大军培养的直接出口，是年轻人走向职场的最后一步训练，主要培养的是服务各行各业劳动的高级专门人才。因此，高校劳动教育在依托专业教育强化劳动知识与技能培养的同时，还需要依托专门的体系，强化大学生劳动价值观、劳动情感态度、劳动伦理责任、劳动权益意识等各方面劳动素养的培养。从实践效果看，任何教育要有效落实必须依托于一套成熟、完善、科学的课程与教学体系。目前，高校德育有系统的思政工作体系支撑，高校智育有全方位专业教育体系支撑，高校体育有专门的体育训练课程支撑，高校美育也因为 2002 年《学校

艺术教育工作规程》（教育部令第13号）的印发得到了有力支撑，各高校纷纷成立了艺术教育中心，开设了艺术类必修或选修课程。独有高校劳动教育既没有统一的教育大纲或工作规程，更没有相应的课程、考核与评价、人财物保障等要求，只把劳动教育融入各专业学习中，认为高校各专业的教育本身就是劳动教育。这种现状很容易造成劳动教育各专业都管，但都管不到位的现象。因此，正如高校思政工作需要努力建构"课程思政"与"专业思政"相结合的教育体系一样，新时代高校劳动教育也应该是"课程劳育"与"专业劳育"的有机结合，在专业教育之外，设置专门的劳动教育选修或必修课程，系统建构独立设置与有机融入相结合的高校劳动教育体系。

2. 在内容上，应反映新时代劳动发展趋势

劳动是一个发展性的概念，在不同的时期有不同的内涵。在新时代新经济条件下，人类认识自然和改造自然能力的不断提高，科学技术的迅猛发展，使新时代劳动呈现出新的发展趋势：劳动的内容越来越丰富多彩；劳动的形式越来越富于变化；劳动者的流动性越来越强；劳动者的体力支出会越来越少、智力支出越来越多；劳动生产率越来越高，人的闲暇时间越来越多；劳动主体的作用越来越突出，人才的重要性越来越突出，世界各国对人才的争夺战越来越加剧；劳动仍然是人们谋生的重要手段，但其乐生性将逐渐成为重要内容。这一系列新变化要求新时代高校劳动教育做出新的呼应、增添新的内容。

3. 在形态上，表现为劳动思想教育、劳动技能培育与劳动实践锻炼三大任务领域

劳动思想教育凸显了劳动教育的德育属性，新时代大学生劳动价值观、劳动情感态度、劳动伦理责任、劳动权益意识等方面的培养均属于劳动思想教育的范畴。劳动技能培育，体现了劳动教育的智育价值，大学各专业的理论学习、实习实训、产教融合等虽不乏劳动思想教育的价值，但更偏重劳动技能的培育。劳动实践锻炼强调了劳动教育的"体知"特点，旨在引导学生在广阔的生产劳动与社

会实践中增进知识、磨炼意志、增长才干、提高素质、培养社会责任感。这三大任务领域虽各有侧重，但又"三位一体"，相互影响、相互促进，体现了新时代高校劳动教育是"关于劳动的教育"与"通过劳动的教育"相统一、理论学习与实践训练相结合的知行相须的过程。

4. 在目标上，以全面提升大学生劳动素养为主要关注点

劳动教育一直被视为促进人全面发展的重要途径，新时代高校劳动教育也应更充分地发挥好劳动教育"树德""增智""健体""育美""创新"的综合育人价值。但同时也要意识到，劳动教育之所以要取得与德智体美育并举的地位，根本原因在于其有自身独特的育人任务——提升学生的劳动素养。高校劳动教育的三大任务领域——劳动思想教育、劳动技能培育、劳动实践锻炼的根本着眼点正是大学生劳动素养的全面提升。换言之，大学育人的各主要环节——思想政治教育、专业教育、实习实训、创新创业教育、就业指导、社会实践、志愿服务、产教融合等本身都含有劳动教育的基因，但如果这些育人环节的关注点主要是知识技能本身的学习、巩固和运用或一般意义上的道德养成，而非劳动素养的提升的话，严格地说，不能视为真正的劳动教育。从这个意义上讲，有学者提出，"一般意义上的知识学习、科学实验、研学旅行和社会实践等，主要解决认识深化、知行统一问题，单纯的职业技术教育侧重技能培养，都不属于劳动教育的范畴。应当明确劳动教育的概念，避免造成实践上的泛化、窄化"是有一定道理的。

5. 在目的取向上，追求内在价值与外在价值和谐统一

新时代高校劳动教育的目的首先是引导大学生在劳动创造中追求幸福感、获得创新灵感，在此基础上为国家建设培养具有社会责任感、创新精神和实践能力的高级专门人才。这一目的定位体现了新时代劳动教育内在价值与外在价值的统一。分析1949年以来我国劳动教育的历史演变发现：我国劳动教育表现出明显的服务社会发展的外在目的取向，每一次都是来自教育系统之外的需要左右着劳动教育的走向。20世纪五六十年代，推进劳动教育是为了解决就业问题、缓解国家

经济压力；六七十年代，推行劳动教育是为了服务阶级斗争、政治改造；八九十年代，推行劳动教育是为服务经济建设，加强现代化建设所需的劳动技术教育；21世纪以后，劳动教育受到重视，是为了推动国家创新、实现民族复兴。本研究强调新时代高校劳动教育首先要引导大学生在劳动创造中获得幸福感，激发劳动创造的热情与兴趣，在此基础上实现《中华人民共和国高等教育法》确立的"培养具有社会责任感、创新精神和实践能力的高级专门人才"的人才培养目标。

三、新时代高校劳动教育的外延分析

外延分析是对概念的适用范围及其所含类别的辨析。依据不同的标准可对概念包含的类别做出不同的区分。本研究认为，对新时代高校劳动教育的外延分析应从劳动教育的独特育人价值——全面提升学生的劳动素养人手。一般认为，素养是个体在长期教育和环境影响下形成的某一方面的稳定修养，包含了能力、知识、态度、价值观等内容。分析新时代高校劳动教育的外延，就是要在深刻理解习近平新时代中国特色社会主义思想，特别是习近平关于劳动问题的重要论述前提下，从新时代对劳动者在思想、心理、伦理、行为、能力等五个方面提出的新要求入手，系统设计由劳动价值观、劳动情感态度、劳动品德、劳动习惯、劳动知识与技能有机组成的劳动教育内容体系，全面提升新时代大学生的劳动素养。

1. 在劳动价值观方面，让观念内化于心、外化于行

劳动价值观是劳动者对劳动的思想认识、根本看法，它直接决定着劳动者的价值判断、情感取向与行为选择，是劳动素养的核心内容。习近平总书记多次强调，"劳动最光荣、劳动最崇高、劳动最伟大、劳动最美丽"，这是对新时代劳动价值观的明确定位。落实这一定位，需结合唯物史观教育和劳动科学知识的学习，引导大学生充分认识"人民创造历史，劳动开创未来。劳动是推动人类社会进步的根本力量"的真理性意义；真正明白"劳动是财富的源泉，也是幸福的源泉"的道理，真切体验在劳动创造中"把自己的理想同祖国的前途、把自己的人生同民族的命运紧密联系在一起，扎根人民，奉献国家"的幸福感；深刻理解按劳分

配的内涵，"全社会都要以辛勤劳动为荣、以好逸恶劳为耻"，鄙视"不劳而获""少劳多获"的投机思想；正确认识新时代劳动的复杂性与多样性，由衷认同"劳动没有高低贵贱之分，任何一份职业都很光荣""一切劳动，无论是体力劳动还是脑力劳动，都值得尊重和鼓励"的道理，切实改变轻视体力劳动和体力劳动者的错误心态；深入理解为什么"尊重劳动"为"四个尊重"之首，不能离开"尊重劳动"去谈时代精神。

2. 在劳动情感态度方面，大力培植热爱劳动和创造的真挚情感

劳动情感态度是劳动者的个性心理特征的反应，是个体在一定劳动价值观支配下、在长期劳动情感体验基础上形成的一种相对稳定的对待劳动的心理倾向。"爱劳动"一直是我国劳动教育特别重视培养的基本劳动情感态度。新时代劳动情感态度教育既要强调热爱劳动、勤于劳动，又要强调热爱创造、善于劳动。因为热爱劳动、热爱创造是立业为人的根本，是实干兴邦的基石，更是富民强国的动力。习近平总书记更是多次强调"要通过各种措施和方式，教育引导广大青少年牢固树立热爱劳动的思想、牢固养成热爱劳动的习惯，为祖国发展培养一代又一代勤于劳动、善于劳动的高素质劳动者"，"要教育孩子们从小热爱劳动、热爱创造，通过劳动和创造播种希望、收获果实，也通过劳动和创造磨炼意志、提高自己"。培育大学生热爱劳动、热爱创造的情感态度，要在培养热爱劳动者的真挚情感上下功夫，教育引导大学生真正做到"任何时候任何人都不能看不起普通劳动者，都不能贪图不劳而获的生活"，认识到尊重普通劳动者、珍惜他们的劳动成果是人的基本修养；要在科学构建劳动实践训练体系上下功夫，着力优化大学生专业实习实训、精心组织社会实践与志愿服务、全面推进创新创业教育、不断深化产教融合，引导大学生在广阔的生产劳动与实践中加强磨炼、增长本领，教育大学生"要敢于做先锋，而不做过客、当看客，让创新成为青春远航的动力，让创业成为青春搏击的能量"；要在培养大学生勤奋学习、刻苦钻研上下功夫，狠抓学风建设，教育大学生由衷认识到认真学习、刻苦钻研，不仅是增进知识的

过程，更是磨炼意志、锤炼品行、提高自己的辛勤劳动过程，让勤奋学习成为青春飞扬的动力。

3. 在劳动品德方面，强调创造性劳动、体面劳动

劳动品德体现了劳动的伦理要求，是指人们在劳动过程中所表现出来的对他人和社会的稳定的心理特征或倾向。辛勤劳动、诚实劳动、创造性劳动，是习近平总书记对新时代劳动的基本要求。辛勤劳动、诚实劳动和创造性劳动是统一的。辛勤劳动是诚实劳动、创造性劳动的前提和基础。"一勤天下无难事"，"民生在勤，勤则不匮"，这些中国人自古秉承的劳动信念在新时代依然熠熠生辉，"坚持艰苦奋斗，不贪图安逸，不惧怕困难，不怨天尤人，依靠勤劳和汗水开辟人生和事业前程"依然是新时代大学生需要发扬的美德。诚实劳动是辛勤劳动的表现，也是创造性劳动的前提。习近平总书记高度讴歌诚实劳动的价值，将其视为实现人世间的美好梦想、破解发展中的各种难题、创造生命里的一切辉煌的必由之路。创造性劳动是辛勤劳动、诚实劳动的发展，也是劳动的核心和本质要求。新时代是创新发展的时代，大学生是新时代创新发展的重要新生力量，因此，新时代高校劳动教育要在辛勤劳动、诚实劳动的基础上强调创造性劳动。要让大学生深刻理解新时代的劳动者"不仅要有力量，还要有智慧、有技术，能发明，会创新"的道理，教育引导大学生以科学家、大国工匠和劳动模范为榜样，胸怀理想、脚踏实地、勤奋学习、锐意进取、敢为先锋、勇于创造，不断谱写新时代的劳动创造之歌。体面劳动彰显新时代劳动发展的人本趋向。新时代劳动发展为大学生创造了更多体面劳动的机会，也对大学生劳动素质提出了更高的要求。要加强职业生涯规划教育，引导大学生充分考虑自己的个性、能力、禀赋和爱好进行择业就业；要加强劳动法与社会保障法教育，帮助大学生树立合法维权的意识；要强化劳动教育的人本理念，引导大学生为建立一个"排除阻碍劳动者参与发展、分享发展成果的障碍，努力让劳动者实现体面劳动、全面发展"的公平正义的社会而奋斗。

4.在劳动习惯方面，让真抓实干、埋头苦干成为基本生活方式

劳动习惯是个体在长期劳动实践训练中形成的稳定的行为模式。新时代互联网的飞速发展、数字经济的到来、人工智能的崛起，在带给人类生活极大便利的同时，也在无形中滋长了年轻一代企图不劳而获、渴望一夜暴富、追求一夜成名的不良心理。习近平总书记一直强调"空谈误国，实干兴邦"，倡导"在全社会大力弘扬真抓实干、埋头苦干的良好风尚"，强调"幸福不会从天而降，梦想不会自动成真"，"人世间的美好梦想，只有通过诚实劳动才能实现；发展中的各种难题，只有通过诚实劳动才能破解；生命里的一切辉煌，只有通过诚实劳动才能铸就"，实现我们的奋斗目标，开创我们的美好未来，"必须依靠辛勤劳动、诚实劳动、创造性劳动"，正是对前述种种不良现象的有力纠偏。2018年5月2日，在北京大学师生座谈会上的讲话中，习近平总书记更是谆谆教诲广大青年"要力行，知行合一，做实干家"，"不论学习还是工作，都要面向实际、深入实践，实践出真知；都要严谨务实，一分耕耘一分收获，苦干实干"。新时代高校劳动教育要回到全面的、本原的劳动观上，把劳动看成人类创造世界、改造世界的一切实践活动，是劳动、工作、做事、干事、奋斗的统称，让"真抓实干、埋头苦干"成为新时代大学生学习、工作、做人、做事的基本行为方式。

5.在劳动知识与技能方面，为新时代大学生劳动素养提升奠定坚实基础

劳动知识技能是个体从事一定劳动所必须具备的知识、技术、技巧及综合运用这些知识、技术、技巧的能力，是大学生劳动素养全面提升的必备基础。正如习近平总书记所强调的那样："素质是立身之基，技能是立业之本。广大劳动群众要勤于学习，学文化、学科学、学技能、学各方面知识，不断提高综合素质，练就过硬本领。"应该说，大学各专业知识的学习本身就是一种劳动知识学习，大学生的专业实习、毕业实习也都是明确被列入教学计划的劳动技能训练，这正是大学劳动教育区别于中小学教育的重要一维，必须抓紧抓好，为建设宏大的知识型、技术型、创新型劳动者大军奠定基础。除各门专业课程中的劳动知识技能

教育外，新时代高校劳动教育还应加强劳动科学的教学。人类在总结规律、创新知识的过程中形成了劳动哲学、劳动伦理学、劳动文化学、劳动社会学、劳动教育学等一系列"劳动 +"学科。这些学科深化了人们对劳动问题的研究，提升了高等教育水平和劳动人才培养质量，同时，也提高了学生对劳动多学科多维度的认识，使学生学到分析、解决劳动问题的本领，增强劳动观念、提升劳动技能。可结合大学生未来的劳动、工作、职业发展需要，通过开设专门的劳动教育课程、完善大学生职业生涯规划和就业指导教育，加强劳动人权、劳动伦理、劳动关系、劳动条件、社会保障、职工福利、职业安全与卫生、劳动法与社会保障法等相关知识与技能的学习。

第二节　新时代高校劳动教育的基本内容

劳动是人类社会产生发展进步的动力，劳动教育是在人类社会生产发展过程中自觉总结劳动经验，将在劳动过程中凝结的具有普遍性和时代性的劳动观念、劳动习惯、劳动精神、劳动技能教授给人类后代，是实现人类社会赓续发展的有效方式。大学生是实现中华民族伟大复兴的生力军。通过新时代劳动教育，使其在自觉传承劳动观念、培养劳动习惯、弘扬劳动精神、提高劳动技能中坚定马克思主义劳动观，对促进大学生形成正确的世界观、人生观、价值观，从而引导大学生成长为拥护社会主义、堪当民族复兴大任的时代新人具有重要意义。

一、劳动观念教育

劳动观是指人们对劳动社会属性、劳动价值、劳动作用、劳动目的、劳动范畴划分的一种思维倾向、态度主张与评价原则，影响着人们对劳动的认知、理解、判断与行为选择。马克思基于人类社会发展一般规律和资本主义社会发展的特殊规律，在正确把握劳动的社会属性、价值、作用、目的、范畴以及智育与生产劳动关系的基础上形成了马克思主义劳动观。劳动观念教育便是要教育大学生牢固树立马克思主义劳动观。

马克思主义在分析劳动对人类社会发展所发挥作用的基础上指出劳动是人类社会产生、存在、赓续发展的自然必然性，是包括物质财富和价值财富在内的一切财富的源泉。尽管劳动形式极其多样，但是依据劳动具体形态可以将其划分为物质生产劳动和非物质生产劳动；依据能否生产价值和剩余价值又可将其划分为生产劳动和非生产劳动。在不同的社会形态中，劳动的社会属性会随着社会关系的变化而变化。马克思首先肯定了劳动是一切人类社会所共有的存在方式，随后指出劳动会受社会关系的影响而在具体的社会关系中呈现出不同的社会属性。物质生产劳动在奴隶社会和封建社会中同时受到满足人类自身生存需要的自然必然性和政治依附关系的双重限制；在资本主义社会又沦为雇佣劳动，受制于生产剩余价值的外在目的支配的经济依附关系；在社会主义社会则摆脱了生产剩余价值的经济依附，成为满足个体生存发展需要的基本方式，劳动分配也随之转化为依据个体劳动多少的按劳分配；在共产主义社会，随着生产力的大幅度发展，作为生存手段的劳动必将在摆脱自然必然性、政治必然性、经济必然性之后上升为目的本身，转化为个体生活的内在需要，劳动必将成为个体追求进而实现全面发展的必然尺度。

随着剥削制度的废除，劳动在社会主义社会中的目的不再是攫取剩余价值，而是转变为不断消弭不平衡不充分的发展以满足人民日益增长的美好生活需要。马克思主义肯定了脑力劳动的劳动属性，进一步丰富了劳动内涵，强调体力劳动和脑力劳动都是劳动形式之一，物质财富和价值财富的生产劳动、商业劳动和自主劳动的非生产劳动都属于劳动的不同形态。劳动与智育的关系也更为密切。马克思批判了资本主义社会将智育垄断在少数人手里而导致智力与劳动相分离的弊端，指出："生产劳动同智育和体育相结合，它不仅是提高社会生产的一种方法，而且是造就全面发展的人的唯一方法。"劳动与教育相结合是社会主义社会教育区别于包括资本主义在内的以往所有社会形态教育的重要指导方针，劳动观教育旨在通过开展生产劳动教育和非生产劳动教育，教育大学生正确认识社会主义社会中劳动属性发生的一系列变化，引导大学生在不同社会形态下区别劳动的特殊属性，正确认识社会主义社会劳动属性，进而形成尊重劳动、热爱劳动、崇尚劳动的正确认知，从而弘扬劳动精神，塑造劳动品格，磨砺大学生意志，使得大学生在对比分析中自觉确立马克思主义劳动观。

二、劳动习惯教育

劳动习惯是指个体在马克思主义劳动观指导下，在参与经常性的实际劳动过程中秉持着正确的劳动态度，从而逐渐养成的一种自觉需要劳动的自动化、稳定化行为模式。培育良好的劳动习惯是做好新时代高校劳动教育重要任务之一，对弘扬劳模精神和工匠精神、提升大学生劳动技能都大有裨益。

大学生在追求知识的同时也应该养成劳动习惯，这既是我国教育方针的一贯要求，也是大学生维持自身生存和更好学习的内在要求。但是，随着生活条件的改善，部分大学生在步入高校以前由于忙于学业，其生活起居多由父母照顾，缺乏劳动意识和劳动机会。进入大学以后，在更加自主性的大学生活中，更有部分大学生盲目攀比，生活奢靡，轻视劳动，良好的劳动习惯尚未养成。这显然与新时代社会主义现代化建设的伟大实践对大学生应具备的劳动习惯的内在要求尚有一定差距。

为了有效改变这一现状，亟待加强新时代大学生的劳动习惯教育。首先，高校要守土有责、守土负责、守土尽责，充分发挥在大学生劳动习惯教育中的主导作用。大学生的大部分时间都在高校度过，高校要切实承担劳动习惯教育的主体责任，将劳动素养有机融入大学生综合素质测评体系，结合大学生学科和专业开展日常生活劳动、生产劳动、服务性劳动等相关主题劳动，引导大学生在参加劳动中丰富劳动知识、增强劳动意识，从而确保大学生养成良好的劳动习惯。其次，家庭要正面引导、支持学校教育，充分发挥在大学生劳动习惯教育中的基础作用。家庭要树立崇尚劳动、自立自强的良好家风，要利用大学生假期在家期间，教育引导子女自觉参与生产劳动，放手鼓励子女参与各类社会劳动，从而在培育大学生基本劳动技能过程中使其自觉养成热爱劳动的良好习惯。再次，社会要积极参与，充分发挥对劳动习惯教育的支持作用。全社会要营造劳动光荣、劳动伟大，崇尚劳模、崇尚劳动精神的良好风气；各类企业要加强企校合作，主动为大学生提供劳动实践场所。最后，各级政府、群团组织要协调、调动各类资源为大学生参与生产劳动和非生产劳动提供必要保障，健全劳动、劳模奖励机制，从而为加强劳动习惯教育搭建形式多样的活动平台。

三、劳动精神教育

劳动精神是在劳动过程中所折射出的人文精神，反映的是一个民族崇尚劳动、尊重劳动、热爱劳动、辛勤劳动、诚实劳动、创造性劳动的精神风貌和价值指向。劳动精神教育是向民族下一代阐发劳动精神、弘扬劳动精神、传承劳动精神，确保民族永远以昂扬的精神姿态走在时代前列的必然举措。新时代大学生劳动精神教育就是要在大学生中"弘扬劳动精神，教育引导学生崇尚劳动、尊重劳动，懂得劳动最光荣、劳动最崇高、劳动最伟大、劳动最美丽的道理，长大后能够辛勤劳动、诚实劳动、创造性劳动"。

首先，教育引导大学生正确把握劳动精神的内涵。中华民族劳动精神有着特定的内涵，具体包括崇尚劳动、热爱劳动、辛勤劳动、诚实劳动、创造性劳动。其中，"崇尚劳动"是指在马克思主义劳动观指导下，有着正确的劳动态度，对劳动与劳动人民有着深厚的崇敬之情；"热爱劳动"是指认识到劳动是个体生存发展的内在需要，自觉养成良好的劳动习惯，坚定"劳动最光荣、劳动最崇高、劳动最伟大、劳动最美丽"的劳动观念；"辛勤劳动"是指能够凭借积极心态在劳动过程中自觉遵循劳动客观规律，能够积极面对、主动付出；"诚实劳动"是指在劳动过程中要实事求是、真抓实干，恪守劳动品德；"创造性劳动"是指在劳动过程中自觉总结劳动经验，充分利用劳动规律，改进劳动方式，不断提升劳动效率与质量。

其次，教育引导大学生树立、巩固劳动精神。高校应根据低年级、中年级、高年级阶段大学生不同学段特点，有针对性地帮助大学生树立、巩固劳动精神。对于低年级阶段大学生，高校应着重开展"崇尚劳动、尊重劳动、热爱劳动、辛勤劳动、诚实劳动、创造性劳动"等专题教育，帮助该阶段大学生树立劳动精神。对于中年级阶段大学生，高校应通过劳动课、劳动周、劳动月、寒暑假的集体劳动，引导大学生在劳动实践中体悟劳动精神，践行劳动精神。对于高年级阶段大学生，高校应该开展与大学生所学专业、择业方向与创业意愿密切相关的实训劳动，确保高年级阶段大学生能够根据自身实际需要多元化选择劳动实践活动，能够更为主动、积极、认真地参与额外劳动。同时，鼓励、引导大学生在辛勤劳动、诚实劳动、创造性劳动中增强诚实劳动意识，培育艰苦奋斗精神、奉献精神与公共服务意识，积累职业经验，创造性地解决实际问题，提升就业创业能力，从而将劳动精神内化为大学生积极参加劳动实践的源泉活水。

最后，全社会要加强对劳动精神的宣传推广。大学生的价值判断、行为选择在很大程度上会受到社会风气的影响，大学生树立起来的劳动精神能否持久也与社会是否尊崇劳动、是否尊崇劳动精神密切相关。全社会要广泛宣传推广劳动经验、劳动模范、劳动精神，主动宣传全社会不同战线在重大灾难中涌现出来的劳动模范和先进事迹，广泛宣传劳模身上所折射出来的勇于担当、不畏艰险、百折不挠、敢为人先的高尚品格。同时，全社会要鼓励、支持、宣发讴歌新时代普通劳动者"辛勤劳动、诚实劳动、创造性劳动"精神风貌的优秀文艺作品，大力弘扬"劳动最光荣、劳动最崇高、劳动最伟大、劳动最美丽"的社会主义主旋律，针锋相对地反对不劳而获、坐吃山空、拜金主义、享乐主义、轻视劳动等错误观念，精心为大学生营造出全社会关心、支持新时代劳动精神教育的良好氛围，助力大学生巩固劳动精神。

四、劳动技能教育

劳动技能教育是指在引导个体养成劳动观念、形成劳动习惯、树立劳动精神的基础上帮助其初步掌握基本的劳动技术知识和技能的教育。列宁指出："没有年轻一代的生产劳动和教育的结合，未来社会的理想是不能想象的：无论是脱离生产劳动的教学和教育，或是没有同时进行教学和教育的生产劳动，都不能达到现代技术水平和科学知识水平所要求的高度。"新时代大学生是民族的未来和希望，对其加强劳动技能教育，是自觉适应现代技术和科学知识的必然选择，也是注重劳动教育实效，实现大学生知行合一的内在要求。

首先，教育引导大学生形成满足自身生存发展需要的基本劳动技能。随着中国特色社会主义进入新时代，我国社会主要矛盾的变化使得人才素质对必备劳动技能的要求也发生了一定的变化。具备基本劳动技能是大学生顺利步入社会，在实现自身价值基础上奉献社会的首要条件。高校需要充分调研社会需求和大学生实际技能掌握情况，结合当前产业新业态、劳动新形态，不断培育、提升大学生的基本劳动技能。高校要结合人才培养方向，在强化大学生爱岗敬业的劳动态度和巩固大学生精益求精的工匠精神中提升大学生专业技能水平，增强大学生专业自豪感与相应职业自豪感，使其熟练掌握与所学专业相关的基本劳动技能。

其次，教育引导大学生形成专业劳动技能，提升其就业创业能力。当大学生初步具备一定的基本劳动技能、明白劳动创造价值后，高校要立足国际国内劳动技能需求最新形势，主动围绕"大众创业、万众创新"，结合大学生所学专业和毕业设计引导其增强应用新知识、运用新技术、采用新工艺、使用新方法的主动性和能动性，在丰富大学生劳动技能体验中培育其解决实际问题的专业劳动技能。

最后，在强化校企合作中为大学生提供践行劳动技能的广阔平台。一方面，高校应通过多种渠道与当地高新企业加强合作，建立较为稳定的劳动教育基地、劳动实践基地和劳动实训基地，鼓励高新企业为大学生提供现代科技条件下劳动实践所要求的高级劳动技能的平台和机会，使得大学生在参与一线生产劳动中弥补、提升劳动技能。另一方面，企业应主动承担社会责任，在追求经济效益的同时兼顾社会效益，联合群团组织建立劳动教育基地，强化大数据管理劳动基地效能，从而为大学生提供更为多元化的实习岗位和技能培训。

第三节　新时代高校劳动教育的辩证特征

新时代大学生的劳动教育问题，是党和国家立足新时代而提出的教育理念。中国特色社会主义进入了新时代，我国社会的主要矛盾发生了深刻的结构性变化。这种变化，必然要在现行的教育制度安排上有所折射，进而成为加强高校劳动教育的客观现实原因。与此同时，加强劳动教育，这也是经济社会发展运行至新时代而对人的全面发展提出的迫切要求。也就是说，只有补上和加强劳动教育这一课，才能使当代大学生有更为全面的身心、智力与体魄的发展，才能更有希望和能力在今后的学习工作中，为我国社会的健康永续发展作出更大的贡献。而为了更好地贯彻落实高校劳动教育这一新时代赋予教育者的新使命，习近平总书记提出了系统完善的教育实施的宏观方针政策以及劳动教育的宗旨和内容，为新时代劳动教育的实施与发展指明了方向，规划了蓝图。为了更加科学地学习和把握所有这些重要内容，我们有必要对之进行一番相对理论化（以特征为视角）的梳理和研究，即梳理和研究新时代高校劳动教育的辩证特征。

一、历史与时代相结合

新时代高校劳动教育，具有历史与时代相结合的辩证特征。一般而言，任何教育，尤其是有重大的现实意义的教育，都不会是无中生有、随意甚至任意而起的教育行为。也就是说，任何旨在改造客观世界的教育，都必须一方面有其历史的传承性，另一方面还必须有特定的社会发展阶段的时代性关怀，因而可以说历史性与时代性相结合这一点，才让教育真正能够深入人心。这一点，在新时代高校劳动教育中表现得尤为突出，因而这一相结合的辩证特征，成为这一教育首要的鲜明特征。

新时代高校劳动教育，具有历史传承性。一方面，在新时代大力开展劳动教育，其教育理念本身就具有历史延续性。关于教育与生产劳动相结合的思想，不仅在博大精深的中华优秀传统文化中有着极其丰富的思想资源，而且在马克思主义理论中也并不鲜见。比如，马克思在发表于1867年的《资本论》第一卷中便提出过这样的理论观点，即认为开展适当的劳动教育是"造就全面发展的人的唯一方法"；恩格斯在其经典性的著作之中也多次谈及过劳动教育必要性和重要性的问题，并给予了极高的评价。另一方面，在新时代大力开展和加强高校劳动教育，作为一种实践行为而言，同样也是有着极为丰富的实践经验可以汲取的。在新中国成立之后，毛泽东同志曾就劳动教育问题发表过许多影响深远的、极其重要的理论观点，而且更为难得的是，也进行过相当成功的教育实践。所有这些，不论是教育理念也好，还是教育实践也好，都是我们立足新时代所要开展的劳动教育，其历史传承性或延续性的重要方面，也是我们在新的历史条件下必将取得成功的历史根据。

新时代高校劳动教育，富有时代性特征。关于这一点，可以从劳动教育的教育种类上得到切实的说明。习近平总书记曾提出过这样的本质性认识，即实现我们经济社会发展的各项目标任务，"归根到底要靠辛勤劳动、诚实劳动、科学劳动。"习近平总书记所提及的这三类劳动，是开展劳动教育所必然进行的三类教育内容，因而可以说是在大学生群体中开展的劳动教育的题中应有之义。在这三类劳动中，科学劳动成为我们所要开展的劳动教育之中的重要内容，这本身就是其时代性的鲜明彰显。我们已经进入新时代，"新"就"新"在它对科技含量提出了更为迫切的要求，而要普遍做到这一点，最为根本性的举措，就是必须进行科学劳动教育。

二、内容与形式相结合

新时代高校劳动教育，具有内容与形式相结合的辩证特征。回溯人类迄今为止的教育史不难发现，任何在社会的实际发展进程中曾发挥过重要的推动和促进作用的教育形式，都不是空洞无物的、抽象如白板般的纯形而上学的"说教"，相反，它必然是有着十分扎实的内容的，而且这种内容，更多的是针对现实社会发展的实际问题而专门提炼出来的，因而具有极强的现实针对性。任何扎实而充盈的教育形式，不仅得有内容的要求，还得有形式的要求，任何好的、卓有成效的教育，都必须是内容与形式相结合的教育。新时代高校劳动教育，与以往的教育形式相比，在内容与形式相结合方面做得尤为突出和明显。这一点也构成了新时代高校劳动教育形式的又一鲜明特征。

新时代高校劳动教育，具有内容的充实性。我们置身新时代，因而所面临的问题与挑战也相应地具有了一些新的特点，这些特点集中地表现在，对原创性思维和成果的需求上显得更加迫切和重要。为了有效地应对这一时代呼唤，党和国家立足长远、谋划全局，提出了劳动教育这一注定影响深远的教育安排。任何原创性思维和成果的产生，都需要付出艰巨的劳动，而劳动本身是需要教育的，只有接受了很好的劳动教育的新时代大学生，练就了过硬的本领和强壮的体魄，才能有更加充沛的精力投入到科研工作中，才能有望取得科研方面的新的突破。为了把这一教育目的真正地落到实处，新时代高校劳动教育专门制定了极其丰富的教育内容，不仅有体能方面的丰富内容，而且有智力、情感、意志等方面的精彩内容。在教育内容的制定上，还特地考虑到了各类大学生的专业背景，能够做到依据不同的专业背景而进行专门化的劳动教育活动，这一点极大地丰富了劳动教育内容的充实性。

新时代高校劳动教育，具有灵活多样的教育形式。形式与内容是一对存在着内在联系的关系范畴，从根本上说，没有无形式的内容，同样也没有无内容的形式。在新时代，我们所要开展的劳动教育，是有着极其丰富多样的内容的，而每一种内容都必然有着一种相应的表现形式，依托着这一种特定的表现形式，那份独特的内容得到了真实的、现实化的呈现。从哲学的观点来看，内容的丰富性决定了其表现形式的多样性，因而新时代劳动教育，在内容上的充实性，就决定了其在形式上的多样性和灵活性。同时，这一劳动教育在形式方面的多样性、灵活性，不仅可以通过逻辑推理的方式得到说明，而且也可以通过枚举的方式得到直观的呈现。比如，在教育过程中已经采取的这些形式：开展社会性实践教育活动、让大学生有组织地开展劳模精神学习研究小组、利用假期鼓励大学生走进工厂中开展一线劳动体验活动等。

三、普遍性与特殊性相结合

新时代高校劳动教育既受社会环境、政策引导等普遍因素的影响，又受大学生自身成长经历、生活环境等特殊因素的影响。因此，做好新时代高校劳动教育既要着眼于整体教育，解决好大学生在劳动教育过程中存在的普遍问题；又要注重个性教育，解决好不同学生在劳动教育过程中遇到的特殊问题，从而在坚持普遍性教育与特殊性教育相结合中夯实高校劳动教育。

第一，坚持分阶段教育。尽管高校由于专业性质不同导致大学生在校时间为三至五年不等，但是大抵来说，大学生的在校时间普遍都可以划分为三个阶段：一是低年级阶段，二是中年级阶段，三是高年级阶段。首先，是刚入学的低年级阶段，一般为大一学生。处于这一阶段的学生，在经历过高考的人生洗礼后刚刚踏进大学校园，需要接受各种教育来尽快适应大学生活，劳动教育便是其中之一。高校可以通过各种入学讲座、宣讲活动帮助大学新生坚定正确的劳动观，激活大学新生内心对劳动、劳动人民的情感认同，帮助大学新生养成良好的劳动习惯。其次，中年级阶段，一般为大二、大三学生。处于这一阶段的大学生，已经逐渐适应了大学的丰富生活，在课余时间会经常性参与各种校园活动、社会活动。这一时期，既是大学生参与劳动的主动性时期，也是劳动教育的关键时期。为此，要将劳动与劳动教育纳入这一阶段的教学计划，在丰富校园活动、加强与社会团体合作、健全实践基地建设中整合劳动教育资源。完善大学生参与劳动支持奖励机制，丰富劳动内容，创新劳动形式，不断拓展劳动平台。教育引导大学生在参与劳动中弘扬劳动精神，不断巩固、提升劳动技能，从而牢固树立正确的劳动价值取向。最后，高年级阶段，一般为大四、大五学生。处于这一阶段的大学生即将离开校园步入社会，他们会把精力大多放在升学或就业上。为此，要结合该阶段大学生的毕业预期取向，建立个人台账，引导教育大学生树立正确的择业观、就业观，正确对待升学、就业与分配。

第二，坚持普遍性教育与特殊性教育相结合。唯物辩证法认为矛盾是事物存在及其运动的本质。在把握矛盾的普遍性和特殊性中，要具体问题具体分析，从而不断解决事物的主要矛盾，是推动事物在自我否定中不断向前发展的有效路径。因此，持续做好新时代高校劳动教育要坚持普遍性和特殊性相结合。邓小平指出："我们在鼓励帮助每个人勤奋努力的同时，仍然不能不承认各个人在成长过程中所表现出来的才能和品德的差异，并且按照这种差异给以区别对待，尽可能使每个人按不同的条件向社会主义和共产主义的总目标前进。"做好新时代高校劳动教育，既需要根据党和国家发展需要，从整体把握新时代高校劳动教育的目标要求和价值旨归，又需要根据不同的学校类型和不同的专业设置，根据大学生所处的不同阶段实施差别化的、分阶段的具体教育。

四、理论性与实践性相结合

新时代高校劳动教育既是一种理论育人活动，又是一种实践育人活动。2019年11月26日，中央全面深化改革委员会第十一次会议审议通过的《关于全面加强新时代大中小学劳动教育的意见》指出："劳动教育是国民教育体系的重要内容，是学生成长的必要途径，具有树德、增智、强体、育美的综合育人价值"。实施劳动教育重点是在系统的文化知识学习之外，有目的、有计划地组织学生参加日常生活劳动、生产劳动和服务性劳动，让学生动手实践、出力流汗，接受锻炼、磨炼意志，培养学生正确劳动价值观和良好劳动品质。因此，新时代高校劳动教育既要增强劳动教育的理论性，在理论阐发中明晰马克思主义劳动价值观，充分挖掘高校劳动教育所内蕴的树德增智、强体育美的育人价值，又需要增强劳动教育的实践性，教育引导大学生积极投入到劳动实践中，在具体实践中接受锻炼、磨炼意志、锤炼品质。因此，坚持理论性与实践性相结合，是准确把握劳动教育内涵，做好新时代高校劳动教育的内在要求。

首先，坚持在理论育人中强化新时代高校劳动教育。作为"德智体美劳全面培养"的国民教育体系和中国特色社会主义教育制度的双重内容设置，新时代高校劳动教育的指导思想来源于马克思主义劳动观，具有深厚的理论基础。坚持新时代高校劳动教育的理论性就是要明确劳动教育的主要依托课程。通过开设劳动教育必修课程，将高校劳动教育有机融入高校人才培养方案和相关学科与专业，在完善课程设置中建立健全兼具开放性、实践性的劳动课程育人体系，不断增强高校劳动教育的理论性和针对性，逐步教育引导大学生树立正确劳动意识与择业观、积累职业经验、提升公共服务意识，从而推动大学生逐步坚定马克思主义劳动观，形成正确的世界观、人生观、价值观，自觉传承劳动精神、劳模精神、工匠精神。

其次，坚持在实践育人中强化新时代高校劳动教育。实践是检验、巩固新时代高校劳动教育成果的首要途径。高校要充分利用校企联盟、社区网格化治理等平台，广泛开展劳动教育实践活动，在强化实践体验、实现知行合一中提升育人实效。坚持新时代高校劳动教育的实践性就是要遵循教育规律，充分发挥高校在高校劳动教育中的主导作用，统筹安排课内外劳动项目，在劳动课、劳动周、劳动月以及寒暑假开展丰富多样的实践形式，激发大学生参与劳动的主动性和积极性，提升大学生对劳动的热爱和对劳动人民的崇敬，从而增强大学生报效祖国、奉献社会的使命担当意识。

最后，坚持理论性和实践性相结合。新时代高校劳动教育中的理论教育为具体劳动实践提供了方向指引，新时代高校劳动教育中的实践教育是践行理论教育、巩固教育成效的有效方式。坚持新时代高校劳动教育的理论性与实践性相结合，就是要引导大学生牢固树立马克思主义劳动观，在马克思主义劳动观指导下系统学习、掌握与自身专业相关的必要劳动技能。同时，又要引导大学生主动参与社会实践、校外劳动，在实践中提升大学生的劳动精神面貌、劳动价值取向和劳动技能水平。

第五章
新时代高校劳动教育的现状分析

近年来，随着对劳动教育观念的深入、认知的普遍提高，高校劳动教育工作也逐渐得到重视并取得了一定的成绩。高校劳动教育的重要性不仅得到认识上的认同，也得到了政策上的保障。但高校劳动教育的现状还存在一些问题，这不仅影响了高校劳动教育活动的顺利开展，也阻碍了其功能的发挥。因此，需要探索高校劳动教育存在的问题及原因，为高校劳动教育的生态化构建提供依据。

第一节　新时代高校劳动教育的调查问卷

一、调查问卷的设计

高校学生是实现中华民族伟大复兴的主体，是推动国家社会发展的劳动群体，大学生的劳动价值观、劳动能力、劳动精神、劳动习惯如何事关个人的全面发展，事关国家前途和民族未来，事关中国梦的实现以及人类文明的进步。为深入了解新时代高校劳动教育的整体现状，特别制定并发放了高校劳动教育调查问卷，重点从大学生劳动意识、劳动观念、劳动精神、劳动习惯、劳动能力等五个维度进行调研，全面考察新时代大学生对于劳动的认识和理解以及劳动教育开展的现实状况。通过翔实的数据，让本研究更加科学合理，真实可靠，富有价值。问卷共设计了 34 道题，其中包括 24 道单选题，5 道多选题，4 道矩阵量表题，1 道开放性试题。前面 6 道题主要调研对象的个人基本信息，后面 28 道题重点调研学生对劳动、劳动教育的认识，劳动教育在高校的开展情况，大学生劳动习惯和能力现状，大学生对开展劳动教育的建议等方面的信息。

二、调查对象与方法

本次问卷调查主要选取某省 16 所高校进行，从学校层次上看，涵盖了 985 高校、211 高校、省属重点本科院校、民办本科、独立学院等不同办学层次的高校；从办学方向上看，主要涵盖文科、理科、工科、医学、职业类等不同类型院校，具有较强的代表性；从专业结构上看，调查对象涵盖了文科、理科、工科、医科、艺体等不同专业的学生。问卷是在网上发布，通过网络链接和扫描二维码组织学生进行答卷，共计回收 18744 份，问卷有效率达到 100%。其中，参与问卷调查的男性占比为 35.28%，女性占比为 64.72%；大一学生占比为 52.22%，大二学生占比为 25.67%，大三学生占比 14.17%，大四学生占比为 4.2%，研究生占比为 3.74%；文科类学生占比为 34.25%，理科类学生占比为 22.41%，工科类学生占比为 16.95%，医科类学生占比为 3.47%，艺体类学生占比为 14.91%，其他类学生占比为 8.02%；住在城市的学生占比为 38.29%，住在县城的学生占比为 24.99%，住在乡镇的学生占比为 11.59%，住在农村的学生占比为 25.12%；独生子女占比为 56.44%，非独生子女占比为 43.56%。

三、调查问卷结果分析

本次问卷共设计了 34 道题，因前面 6 道题是调研学生个人基本信息，最后 1 道题是调研学生对劳动教育开展的建议，在这里不再一一赘述，文章重点分析以下 27 道题。

1. 您对"劳动"这一概念的认识？[单选题]

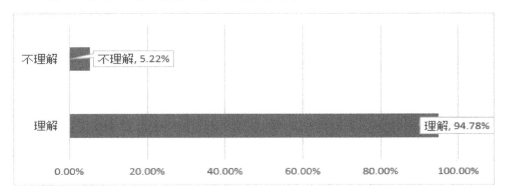

关于对劳动概念的认识，调查结果显示，94.78% 的学生表示理解，5.22% 的学生表示不理解。由此可见，仍有部分学生对劳动的概念模糊不清。

2. 您开始接受劳动教育的学段？[单选题]

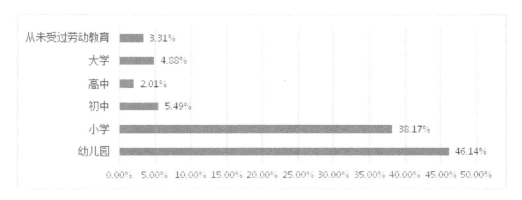

调查结果显示，46.14% 的学生在幼儿园阶段即开始接受劳动教育；38.17%的学生在小学阶段开始接受劳动教育；5.49% 的学生在初中阶段开始接受劳动教育；2.01% 的学生在高中阶段开始接受劳动教育；4.88% 的学生在大学生阶段开始接受劳动教育；3.31% 的学生表示未接受过劳动教育。

3. 您认为目前大学生的劳动意愿如何？[单选题]

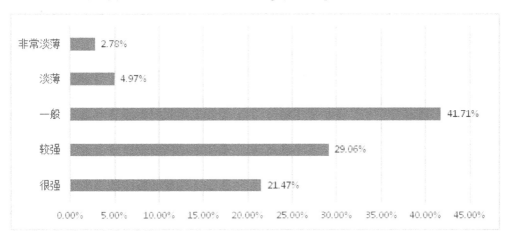

调查结果显示，21.47% 的学生认为当前大学生的劳动意愿很强；29.06% 的学生认为当前大学生的劳动意愿较强；41.71% 的学生认为当前大学生的劳动意愿

一般；4.97% 的学生认为当前大学生的劳动意愿淡薄；2.78% 的学生认为当前大学生的劳动意愿非常淡薄。

4. 您认为影响您的劳动观形成的主要因素是 ?[单选题]

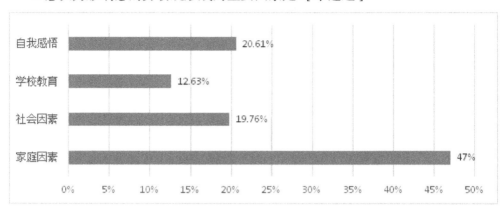

调查结果显示，在影响劳动观形成的主要因素方面，47% 的学生认为是家庭因素；19.76% 的学生认为是社会因素；12.63% 的学生认为是学校教育；20.61% 的学生认为是自我感悟。

5. 在教学过程中老师有过劳动价值观的教育么 ?[单选题]

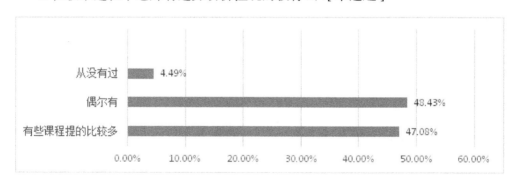

调查结果显示，在问及在教学过程中老师是否有过劳动价值观的教育时，47.08% 的学生表示有些课程提的比较多；48.43% 的学生表示偶尔有；4.49% 的学生表示从没有过。

6. 父母对您参加劳动的态度如何 ?[单选题]

调查结果显示，在父母对学生参加劳动的态度调查中，18.5% 的学生家长对

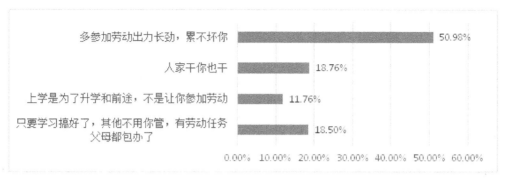

学生参加劳动的态度是"只要学习搞好了,其他不用你管,有劳动任务父母都包办了";11.76%的学生家长对学生参加劳动的态度是"上学是为了升学和前途,不是让你参加劳动";18.76%的学生家长对学生参加劳动的态度是"人家干你也干";50.98%的学生家长对学生参加劳动的态度是"多参加劳动出力长劲,累不坏你"。

7. 您认为当前大学劳动教育状况如何?[单选题]

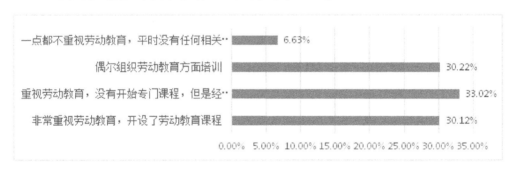

调查结果显示,30.12%的学生表示学校非常重视劳动教育,开设了劳动教育课程;33.02%的学生表示学校重视劳动教育,没有开始专门课程,但是经常开展劳动教育专题报告;30.22%的学生表示学校偶尔会组织劳动教育方面的培训;6.63%的学生表示学校一点都不重视劳动教育,平时没有任何相关的教育活动。

8. 您认为当前大学生劳动现状如何?[单选题]

调查结果显示,在调研当前大学生的劳动现状时,58.67%的学生认为大多数大学生热爱劳动,生活能力较强;41.33%的学生认为大多数大学生不热爱劳动,

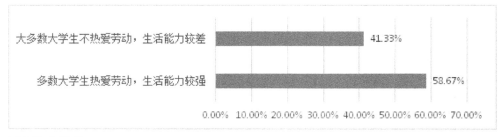

生活能力较差。

9.大学期间您参加过什么劳动？[多选题]

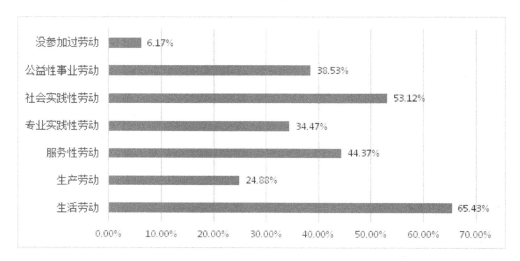

调查结果显示，学生在大学期间参加过的劳动类型排在前三位的分别是生活劳动，占比65.43%；社会实践性劳动，占比53.12%；服务性劳动，占比44.37%。值得注意的是，有6.17%的学生没有参加过劳动，说明劳动教育在大学阶段的普及和发展任重而道远。

10.您如何看待学校组织大学生参加义务劳动？[单选题]

调查结果显示，学生对于学校组织大学生参加义务劳动的态度方面，73.09%的学生认为"很好，有利于提升个人素质"；18.73%的学生认为"不太好，应提前征求学生意见，根据个人情况参加"；3%的学生认为"不好，学生还应该以学习为主，尽量别组织劳动"；5.17%的学生表示没有什么看法。

11. 您认为日常生活中大学生如何打扫寝室卫生？[单选题]

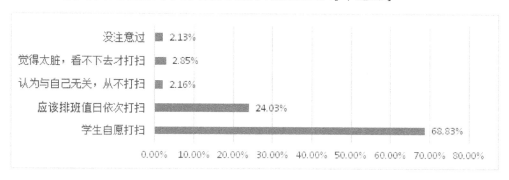

调查结果显示，在大学生应如何打扫寝室卫生的调研中，68.83%的学生认为应该自愿打扫；24.03%的学生认为应该排班值日按照顺序打扫；2.16%的学生认为与自己无关，从不打扫；2.85%的学生觉得太脏看不过去时才打扫；2.13%的学生表示没注意过。

12. 寒暑假期间，您什么情况下会去做家务？[单选题]

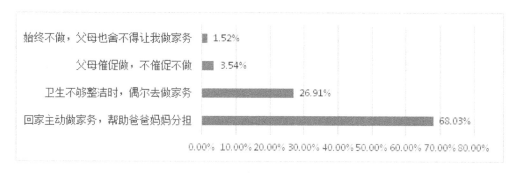

调查结果显示，在问及什么情况下会去家务时，68.03%的学生会主动做家务帮助父母分担；26.91%的学生会在卫生不够整洁时，偶尔做家务；3.54%的学生只有在父母催促的情况下才会做家务；1.52%的学生从来不做家务，父母也舍

不得让孩子做家务。

13. 在校期间您是否有兴趣参加劳动实践活动（例如校园清洁等）？［单选题］

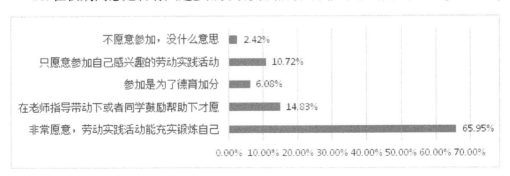

调查结果显示，在调研学生是否有兴趣参加劳动实践活动时，65.95% 的学生表示非常愿意，认为劳动实践活动能够充实锻炼自己；14.83% 的学生表示在老师指导带动下或者同学鼓励帮助下才愿意参加；6.08% 的学生参加是为了德育加分；10.72% 的学生只愿意参加自己感兴趣的劳动实践活动；2.42% 的学生表示不愿意参加，觉得没什么意思。

14. 在校期间，当您发现寝室很乱，但恰巧不是您值日，您会怎么做？［单选题］

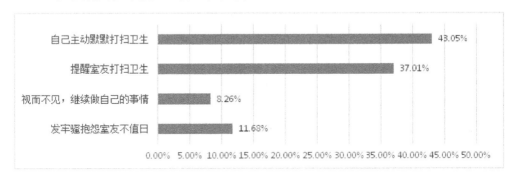

调查结果显示，当学生发现寝室杂乱且不是自己值日时，11.68% 的学生会选择发牢骚抱怨室友不值日；8.26% 的学生会选择视而不见，继续做自己的事情；37.01% 的学生会选择提醒室友打扫卫生；43.05% 的学生会选择自己主动默默打扫卫生。

15. 对于以下技能，您的掌握程度如何？[矩阵量表题]

该矩阵题平均分：3.13

题目 / 选项	完全不会	会一点点	基本掌握	比较熟练	非常熟练	平均分
洗菜择菜	616/3.29%	1587/8.47%	3549/18.93%	4089/21.81%	8903/47.5%	4.02
做饭	1183/6.31 %	3979/21.23%	4231/22.57%	3377/18.02%	5974/31.87%	3.48
清洗玻璃或卫生死角	665/3.55%	2186/11.66%	4826/25.75%	4312/23%	6755/36.04%	3.76
简单维修电器	5150/27.48%	4658/24.85%	3481/18.57%	1947/10.39%	3508/18.72%	2.68
使用针线缝补	2157/11.51%	4298/22.93%	4501/24.01%	3130/16.7%	4658/24.85%	3.2
给手机贴膜	1608/8.58%	3250/17.34%	4215/22.49%	3358/17.92%	6313/33.68%	3.51
农活	3761/20.07%	4934/26.32%	3829/20.43%	2446/13.05%	3774/20.13%	2.87
小型工厂流水线相关工作	7219/38.51%	4259/22.72%	2896/15.45%	1504/8.02%	2866/15.29%	2.39
剪纸、泥塑等工艺品制作	2970/15.85%	5702/30.42%	4045/21.58%	2410/12.86%	3617/19.3%	2.89
安装或维修路由器	5869/31.31%	4450/23.74%	3351/7.88%	1833/9.78%	3241/17.29%	2.58
视频剪辑制作	1972/10.52%	5367/28.63%	4715/25.15%	3012/16.07%	3678/19.62%	3.06
安装电脑系统	4334/23.12%	5213/27.81%	3922/20.92%	2061/11%	3214/17.15%	2.71
熟练掌握 office	870/4.64%	3642/19.43%	5909/31.52%	3963/21.14%	4360/23.26%	3.39
所学的专业技能	701/3.74%	3036/16.2%	6456/34.44%	4385/23.39%	4166/22.23%	3.44
志愿服务相关技能	1095/5.84%	3992/21.3%	6099/32.54%	3664/19.55%	3894/20.77%	3.28
三下乡社会实践技能	3628/19.36%	5155/27.5%	4705/25.1%	2217/11.83%	3039/16.21%	2.78
小计	43798/14.6%	65708/21.91%	70730/23.58%	47708/15.91%	71960/23.99%	3.13

调查结果显示，学生对表中所列技能掌握程度的平均分是 3.13，表明整体上学生对学习、工作、生活中的一些技能掌握处于基本掌握的状态，能够从事一些简单的劳动。同时，学生比较擅长的技能排在前三位的是洗菜择菜（平均分 4.02）、清洗玻璃或卫生死角（平均分 3.76 ）、给手机贴膜（平均分 3.51），可以看到，大学生掌握程度较好的劳动技能和他们生活的联系是息息相关的。

16. 就日常劳动而言，您在家时做下列事情的频率如何？[矩阵量表题]

该矩阵题平均分：3.56

题目 / 选项	从不	少数几次	一周一次	一周多次	每天一次或更多	平均分
打扫房间卫生	419/2.24%	2065/11.02%	4375/23.34%	6488/34.61%	5397/28.79%	3.77
做饭	1489/7.94%	4399/23.47%	3251/17.34%	4781/25.51%	4824/25.74%	3.38
洗衣服	611/3.26%	2261/12.06%	4146/22.12%	6915/36.89%	4811/25.67%	3.7
叠被子整理床铺	580/3.09%	1903/10.15%	2741/14.62%	5403/28.83%	8117/433%	3.99
买菜	1300/6.94%	4237/22.6%	3868/20.64%	5182/27.65%	4157/22.18%	3.36
整屋清扫或清理油烟机等死角	1687/9%	5103/27.22%	4466/23.83%	3727/19.88%	3761/20.07%	3.15
小计	6086/5.41%	19968/17.76%	22847/20.31%	32496/28.89%	31067/27.62%	3.56

调查结果显示，整体上学生从事表中所列的劳动活动的频率平均能够达到一

周一次以上,排在前三位的分别是叠被子整理床铺(平均分3.99)、打扫房间卫生(平均分3.77)、洗衣服(平均分3.7)

17. 过去一年,您参加下列活动时间大概是多少小时?[矩阵量表题]

该矩阵题平均分:3.71

题目/选项	没参加过	5小时内	5-10小时	10-24小时	24-72小时	72-168小时/3天-7天	168小时以上/7天以上	平均分
社会实践或公益服务	2251/12.01%	3880/20.7%	2371/12.65%	3398/18.13%	2175/11.6%	1771/9.45%	2898/15.46%	3.87
做家教等兼职	5044/26.91%	2520/13.44%	1650/8.8%	2765/14.75%	1712/9.13%	1478/7.89%	3575/19.07%	3.66
参加集体劳动或义务劳动	1932/10.31%	3988/21.28%	2663/14.21%	3598/19.2%	2109/11.25%	1642/8.76%	2812/15%	3.86
帮助家庭开展农业劳动或其他服务活动	3320/17.71%	3283/17.51%	2229/11.89%	3301/17.61%	2001/10.68%	1632/8.71%	2978/15.98%	3.76
顶岗实习或者见习	5659/30.19%	2669/14.24%	1738/9.27%	2856/15.24%	1537/8.2%	1339/7.14%	2946/15.72%	3.41
小计	18206/19.43%	16340/17.43%	10651/11.36%	15918/16.98%	9534/10.17%)	7862(8.39%)	15209(16.23%)	3.71

调查结果显示,学生参加时间较长的活动排在前三位的分别是社会实践或公益服务活动(平均分3.87)、参加集体劳动或义务劳动(平均分3.86)、帮助家庭开展农业劳动或其他服务活动(平均分3.76)。

18. 您在当前学段参加过哪些印象深刻的集体劳动,频次如何?[矩阵量表题]

该矩阵题平均分:2.64

题目/选项	没有参加	1-2次	每年平均1次	每年平均2次	每年平均3次或以上	平均分
寒暑假社会实践	3133/16.71%	5645/30.12%	4119/21.98%	3135/16.73%	2712/14.47%	2.82
学期内社会实践	3225/17.21%	5740/30.62%	4223/22.53%	2827/15.08%	2729/14.56%	2.79
集体劳动	2172/11.59%	6041/32.23%	4203/22.42%	3040/16.22%	3288/17.54%	2.96
志愿服务	2884/15.39%	5779/30.83%	4156/22.17%	2899/15.47%	3026/16.14%	2.86
创业实践	6229/33.23%	4222/22.52%	3549/18.93%	2313/12.34%	2431/12.97%	2.49
科研创新	6785/36.2%	3892/20.76%	3551/18.94%	2161/11.53%	2355/12.56%	2.43
见习实习	6039/32.22%	4208/22.45%	3717/19.83%	2279/12.16%	2501/13.34%	2.52
团队实验操作	5600/29.88%	4422/23.59%	3677/19.62%	2388/12.74%	2657/14.18%	2.58
支农支教	8534/45.53%	2977/15.88%	3100/16.54%	1902/10.15%	2231/11.9%	2.27
小计	44601/26.44%	42926/25.45%	34295/20.33%	22944/13.6%	23930/14.19%	2.64

调查结果显示,调研的学生整体上参加集体活动的频次不高,学生参加的集体劳动活动频次较高的分别是集体劳动(平均分2.96)、志愿服务(平均分2.86)、寒暑假社会实践(平均分2.82)。

19. 您认为劳动的意义是什么？[多选题]

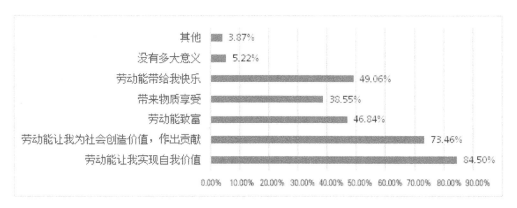

调查结果显示，在调研学生对劳动意义的认识时，84.5% 的学生认为劳动能让我实现自我价值；73.46% 的学生认为劳动能让自己为社会创造价值，作出贡献；46.84% 的学生认为劳动能致富；38.55% 的学生认为劳动能带来物质享受；49.06% 的学生认为劳动能够带给自己快乐；5.22% 的学生认为劳动没有多大意义；3.87% 的学生选择不做评价。

20. 如果让您对自己的劳动习惯进行评价，您认为如何？[单选题]

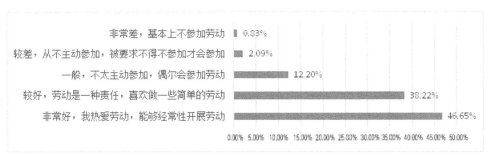

调查结果显示，参与调研的学生在评价自身劳动习惯时，46.65% 的学生认为自身劳动习惯非常好，热爱劳动；38.22% 的学生认为自身劳动习惯较好，喜欢做一些简单的劳动；12.2% 的学生认为自己的劳动习惯一般，偶尔会参加劳动；2.09% 的学生认为自己的劳动习惯较差，被要求才会参加劳动；0.83% 的学生认为自己的劳动习惯非常差，基本不参加劳动。

21. 您对自己的劳动能力评价如何？[单选题]

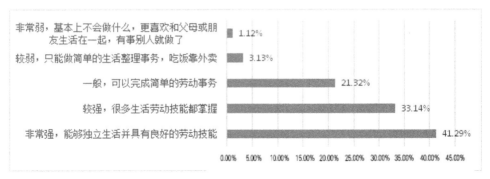

调查结果显示，参与调研的学生在评价自身劳动能力时，41.29% 的学生认为自身劳动能力非常强，能够独立生活并具有良好的劳动技能；33.14% 的学生认为自身劳动能力较强，很多生活劳动技能都掌握；21.32% 的学生认为自身劳动能力一般，可以完成简单的劳动事务；3.13% 的学生认为自身劳动能力较弱，只能做简单的生活整理事务，吃饭靠外卖；1.12% 的学生认为自身劳动能力非常弱，基本上不会做什么。

22. 您认为当今社会人们对劳动的主流认知是什么？[单选题]

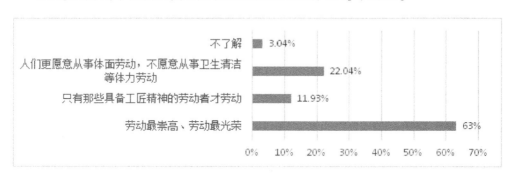

调查结果显示，在问及当今社会人们对劳动的主流认知时，63% 的学生选了"劳动最崇高、劳动最光荣"；11.93% 的学生选择了"只有那些具备工匠精神的劳动者才劳动"；22.04% 的学生选择了"人们更愿意从事体面劳动，不愿意从事卫生清洁等体力劳动"；3.04% 的学生选择了"不了解"。

23. 您认为劳动教育在大学生教育中能起到什么作用？[多选题]

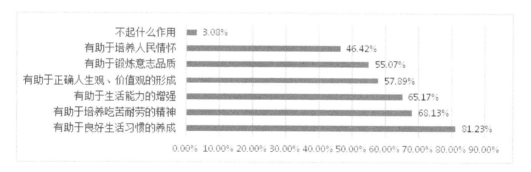

调查结果显示，81.23% 的学生认为劳动教育有助于良好生活习惯的养成；68.13% 的学生认为劳动教育有助于培养吃苦耐劳的精神；65.17% 的学生认为劳动教育有助于生活能力的增强；57.89% 的学生认为劳动教育有助于正确人生观、价值观的形成；55.07% 的学生认为劳动教育有助于锻炼意志品质；46.42% 的学生认为劳动教育有助于培养人民情怀；3.08% 的学生认为劳动教育不起什么作用。

24. 您需要劳动技能的培训吗？[单选题]

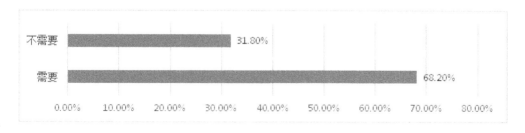

调查结果显示，68.2% 的学生表示需要劳动技能的培训；31.8% 的学生表示不需要劳动技能的培训。

25. 如您需要劳动技能培训，您需要哪些劳动技能培训（可举例）？ [多选题]

调查结果显示，学生最需要的是生活劳动技能方面的培训（58.95%），其次分别是专业性实践技能（40.52%）、生产劳动技能（37.29%）、社会实践技能（31.32%）、服务性劳动技能（30.21%）、公益事业性技能（24.3%）、其他（6.44%）。

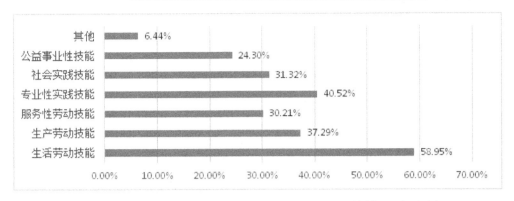

26. 您能够清楚理解以下哪个或哪些关于劳动方面的精神？[多选题]

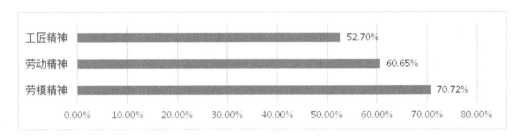

调查结果显示，70.72% 的学生能够清楚理解劳模精神；60.65% 的学生能够清楚理解劳动精神；52.7% 的学生能够清楚理解工匠精神。

第二节　新时代高校劳动教育的积极成效

"没有调研就没有发言权。"高校劳动教育开展如何，大学生劳动观念、劳动习惯和劳动精神具体到何种程度，这都需要用事实证明，用数据证实。本次调研问卷近两万份，为本次研究提供较为扎实的现实基础。根据数据翔实信息，新时代高校劳动教育开展整体上卓有成效，对高校劳动教育保持肯定态度，坚信越来越好，大学生劳动认知日趋理性，劳动习惯日渐自觉，劳动情感日益激发。

一、劳动认知日趋清晰

新时代大学生对劳动教育的认知愈发清晰、愈发理性。一是体现在对"劳动"的概念性认知，94.78% 的学生表示理解"劳动"这一概念，对劳动有着较为清晰的认知。二是在劳动意愿上，超过一半的学生认为大多数大学生热爱劳动，生活能力较强，仅有 7.77% 的学生劳动意愿淡薄，大部分学生对劳动是保持积极态度的，是愿意参与劳动的。三是从劳动教育上来看，在教学过程中从未接受高校劳动教育的学生仅占 4.49%。大学生的劳动教育影响因素主要集中在家庭教育上，且家长对学生参加劳动态度问题上，大部分家长是支持学生进行劳动教育的。此外，当前大学劳动教育状况调研问题上，表示学校一点都不重视劳动教育，平时没有任何相关的教育活动的学生仅仅占 6.63%，73.09% 的学生对于学校组织大学生参加义务劳动的态度是认同的，认为有利于提升个人素质。这也说明劳动教育愈发重视，大学生劳动认知越发清晰。

二、劳动习惯日渐自觉

高校对高校劳动教育日益重视。一是表现在高校劳动教育上，在大学期间仅有 6.17% 的学生没有参加过劳动，其他同学都参加过生活劳动、生产劳动、服务性劳动、公益性劳动等，这说明高校劳动教育整体上是良性发展的。学生所在学校每学年会安排劳动周或集中 3 天以上的劳动任务占比 57.38%，在校期间学生非常愿意参加劳动实践活动的，并且认为劳动实践活动能充实锻炼自己的占 65.95%。二是表现在日常劳动习惯上，68.83% 的学生认为在大学寝室卫生上应该自愿打扫，寒暑假期间会主动做家务帮助父母分担的学生占 68.03%。在校期间，学生发现寝室很乱，但恰巧不是自己值日，采取打扫态度的学生占 80.06%，整体上学生从事日常活动频率基本上能达到一周一次。认为自己劳动习惯较差程度及以上学生占比 2.92%，对自己劳动能力认为较强及以上的学生占比 74.43%。学生参加最多的劳动活动排在前三位的是叠被子整理床铺、打扫房间卫生和洗衣服，集中在学生的生活劳动上，基本生活劳动基本掌握，整体上学生的劳动习惯日渐自觉。三是在劳动时长上，学生参加社会实践或者公益性服务活动、做家教等兼职、参加集体劳动或者义务劳动、顶岗实习或者见习、帮助家庭开展服务活动的，没参加过的学生占比 19.43%，劳动时间在 5 小时以上的占 63.14%。

三、劳动情感日益激发

新时代大学生对劳动的认识愈发清晰，劳动热情更加浓厚。一是在劳动作用认知上，在调研学生对劳动的意义如何看待这一问题上，持消极态度的仅占5.22%，更多的同学认为劳动能让自己实现自我价值，为社会创造价值作出贡献，能致富带来物质享受、带来快乐。认为当今社会人们对劳动的主流认知集中在"劳动最崇高、劳动最光荣"的学生占63%；认为劳动教育在大学生教育中起到助于良好生活习惯的养成、培养吃苦耐劳的精神、生活能力的增强，正确人生观、价值观的形成，锻炼意志品质、培养人民情怀等总体上学生占比96.92%，二是在劳动技能培训与劳动精神涵养上，认为需要劳动技能培训的学生占比68.2%，清楚理解劳动精神、劳模精神、工匠精神的学生都在一半以上，大家对劳动技能的需求提升，劳动情感日益激发。

第三节　新时代高校劳动教育的主要问题

调研数据充分表明高校劳动教育现状逐渐向好，但在高校、个人、家庭等方面仍存在主客观上的诸多矛盾，这些不容忽视的问题仍然制约高校劳动教育的良性发展，需要厘清问题、理清头绪。

一、高校劳动教育缺乏系统性

在调研高校劳动教育状况时，只有30.12%的学生所在高校开设了劳动教育课程，同时还有6.63%的学生所在高校没有开展任何劳动教育活动，可以说劳动教育的课程建设仍处于起步阶段；在调研教师是否进行过高校劳动教育时，只有47.08%学生表示在有些课程中提的比较多，这充分表明劳动教育并没有得到高校教师的充分重视；在调研学生所在学校开展劳动活动情况时，有42.62%的学生所在学校没有安排劳动周或集中3天以上的劳动任务，学生参加集体劳动的频次大多数在平均每年一次以下，这表明高校在组织劳动教育活动方面存在较大不足。

以上调研结果充分说明高校劳动教育缺乏系统性，许多高校的课程建设不成体系，没有设计科学合理的劳动教育活动，更没有对劳动教育的整体设计和思考。

二、大学生缺乏参加劳动的主动性

在调研中发现，许多大学生在劳动认知上比较正确，但是难以真正付诸行动，存在知行不统一的情况，缺乏参加劳动的主动性。在调研中，只有 43.05% 的学生表示会在寝室很乱但不是自己值日时主动默默打扫卫生；在调研大学生参加劳动活动的时间时，数据表明一年中大学生参加各项劳动的时间多数都低于 24 小时。这充分说明大学生缺乏参加劳动的热情和主动性。同时，调研结果也表明，大多数大学生自认劳动习惯较好，并且也愿意参加劳动实践活动，但是在调研大学生劳动现状时，有 41.33% 学生认为大多数大学生不热爱劳动，生活能力较差，这种矛盾说明大学生在自我认知和对他人认知存在不统一的情况。现实情况是大学生对参加劳动的主观意愿和价值取向认知是正向的，但是采取实际行动的学生却不是很多。

三、大学生劳动技能趋于简单化

在调研中发现，当前大学生掌握的劳动技能普遍趋于简单化，大多数大学生存在劳动能力不足的问题。在调研大学生对相关劳动技能的掌握程度时，大学生普遍比较擅长的是洗菜择菜（88.24%）、清洗玻璃或卫生死角（84.79%）、给手机贴膜（74.09%），可以看出来，他们掌握的都是一些简单的劳动技能，与自己的实际生活密切相关，以上种种都表明高校劳动教育亟待加强。当前我国已经全面建成小康社会，脱贫攻坚任务圆满完成，消除了绝对贫困，正在向着第二个百年奋斗目标前进。要想全面建成社会主义现代化强国，需要新时代的新型人才，而大学生恰是实现中华民族伟大复兴的主力军和接班人，对于大学生群体来说，仅仅掌握一般的生活技能是不够的，国家建设也需要更多的综合素质高、劳动能力强的德智体美劳全面发展的大学生。

第六章

新时代高校劳动教育的问题根源

找到问题的根源，才能彻底解决问题。通过对同学们的问卷调查，得到了劳动教育的相关数据，既有劳动教育的积极成效，也有一些问题表征，但是问题的根源到底在哪里呢？就是本章研究和关注的内容，也是解决问题的前提和保障。

第一节　社会环境的加速变化加剧高校劳动教育的挑战性

一、经济市场化进程使高校劳动教育面临挑战

1.市场经济的逐利性本质消解大学生对劳动的认同

新时代大学生成长于经济快速发展的环境当中，经济结构的转变、利益导向的调整，并由此引发的贫富差距增大、阶层固化等问题，使得部分大学生价值观在一定程度上被撕裂。"即便是新一代农村出身的大学生，他们对于劳动的历史地位、劳动的目的和意义以及劳动分工等方面的认识也有不同于其上一代的理解。"社会上通过权力寻租轻松致富的现象时有发生、普通工薪阶层与娱乐明星收入差距的鸿沟冲击着大学生的价值观念，他们开始怀疑"勤劳致富""劳动光荣"的价值理念。可以说，经济迅速发展在提高人民生活水平和质量的同时，也在消解大学生对劳动价值观的认同。

2.市场经济的全球化发展冲击大学生对劳动的认同

在经济全球化快速发展的浪潮中，西方各种社会思潮对我国社会大众的思维方式造成了一定的影响。对于青年群体而言，他们的世界观、人生观、价值观还

未"定型"，一些"时尚""前卫""流行"的西方思想的不良影响难免会使青少年的思想认识出现偏差。在西方社会思潮中，滥觞于美国的消费主义对大学生的劳动价值观产生的消极作用尤为严重。消费主义崇尚以物为本，追求无节制的物质享受，并视这种非理性消费为实现人生目的和美好生活的唯一路径，造成一些青年群体非名牌不买的高端消费和非理性消费行为。法兰克福学派代表人物赫伯特·马尔库塞认为，在消费思潮的裹挟下，物已内化于心，人为了消费而消费，消费不再是人类自由、自觉的行为，反而成为支配人类的力量。人与商品的关系本末倒置，商品的产生不再是为了满足个体的需要，个体反而在消费意识形态的诱拐下，钝化了自由自觉的消费和生产创造的能力，沦落为商品的奴隶。

西方消费文化与传统劳动伦理之间的矛盾日益凸显，容易助长青年大学生的攀比心理和失衡心理，滋长拜金主义和及时行乐的思想，陷入欲望膨胀的旋涡，而忽视追求远大理想的思想价值。在这种情况下，"劳动不是需要的满足，而只是满足劳动以外的其他各种需要的手段"这种思想日益成为枷锁，对于青少年的劳动认同造成较为不利的影响。

二、文化多元化发展制约高校劳动教育的实效性

文化多元化，是包括塞缪尔·亨廷顿在内的美国多元主义者在20世纪90年代左右提出的一个概念，他们认为文化多元化是经济全球化发展的必然产物。文化多元化的格局为开展高校劳动教育提供了可参考的实践材料，但多元文化中与我们劳动价值观不契合的部分也影响着我们工作的顺利展开。

首先，中国传统文化固化大学生的劳动观念。"劳心者治人，劳力者治于人""万般皆下品，唯有读书高""学而优则仕"等传统思想观念根深蒂固地影响着人们的思维和行为模式，一定程度上形成只重视文化知识学习而轻视体力劳动的社会风气。导致一部分大学生只注重学习书本知识，唯分数论、唯文凭论，忽视了劳动实践的重要作用，把成为"高官、巨富"作为人生奋斗的目标。

其次，泛娱乐化思潮消解青年劳动价值观认同。随着新媒体时代的到来，以低俗性、庸俗性等为特征的泛娱乐化、庸俗化的生态文化，使得青少年"认同风险"的提高与传播日趋剧烈。泛娱乐化、庸俗化思潮，消解历史、讽刺经典、调侃政治，突出感官刺激，崇拜金钱权力地位，这些与社会主义核心价值观相冲突，最终导致部分青少年群体的理想信仰逐渐被功利主义、虚无主义、庸俗主义、利己主义遮蔽，从而消解大学生对劳动文化的价值认同。

三、信息化社会给高校劳动教育带来新的冲击

随着世界信息技术革命的不断推进，我国已处在"互联网+"时代，信息化生产已经成为一种主要的社会劳动形态。丰富的信息资源为高校劳动教育提供了多种方式，同时也对高校劳动教育的格局、环境都产生了巨大的影响，也带来了新的发展机遇和动力。但不可否认的是，信息化的发展趋势也给高校劳动教育带来了新的冲击和压力。

首先，信息化社会对人的劳动精神产生冲击。随着信息化时代的到来，科学技术的迅速发展以及广泛运用，人们已经从原本繁重的体力劳动中解脱出来，容易忽视身体劳动的内在价值。人类已经产生了对技术的过度依赖，这种依赖达到一定程度之后，就会反作用于人类对其产生控制作用，一直到最后人类无法离开技术而正常生存与生活。这种依赖和控制会逐步削弱人类主体性和各种机体功能，人类社会面临成为技术的附庸，进而被技术所异化的风险。而大学生群体恰恰属于智力以及各种能力的锻造时期，当工具理性侵占、技术控制他们自身应有的劳动的时候，其他各个方面也不能得到正常的发展。

其次，信息化社会逐步降低大学生的社会劳动适应能力。"网生代"青年的心理建设能力尚处在完善阶段，其面临的压力却呈现多元化特征，包括学业、恋爱与职场压力等各个方面。"网生代"大学生基本依靠电脑和智能手机与外界联系，既疏离现实世界又制造着虚拟世界的生动鲜活。大学生长期处于虚拟的游戏或娱乐等情境，脱离社会、脱离本我、脱离现实，对历史意识、价值体系等重要认知日益模糊，责任及道德意识也将不断弱化。现实世界的交际障碍使得其社会适应

能力也会日渐羸弱，倘若遇到现实社会中与劳动相关的活动或者任务，可能就走不出虚拟世界的舒适圈。

第二节　家庭教育的被动回应削弱高校劳动教育的实效性

家庭对大学生的劳动价值观形成起到了重要作用，青年大学生存在的劳动认知与行为方面的问题与家庭教育也脱不开关系。父母作为孩子的第一任老师，家长的劳动价值观对孩子劳动价值观的形成起着潜移默化的作用，而完整和谐的家庭环境更是形成良好劳动价值观的基本载体。

一、过度爱护，剥夺子女劳动机会

一些家长宠溺子女，包办过多事情，剥夺了子女的劳动机会和劳动体验，使孩子逐步丧失劳动意识，容易养成自私自利、贪图安逸、不思进取的心理倾向和不良习性。另外，受升学指挥棒的影响，一些家长功利性地专注于孩子学习成绩，忽略了孩子劳动价值观的培养，不注重引导孩子正确认识劳动与参加劳动。这些都不利于大学生树立明确的奋斗目标，脚踏实地工作。

二、忽视规律性探索，缺乏科学的家庭劳动教育方法

家长作为家庭劳动教育的主导者，无论是在教育理念还是教育方法上，都存在较大的问题。一是缺乏耐心。大部分孩子由于没有从小养成良好的劳动习惯，因此对劳动都会存在抵触心理，而很多家长又缺乏跟孩子沟通的技巧，更多的时候靠"吼"来管教，很难达到想要的效果。二是将劳动作为惩罚方式。很多家长将劳动等同于体力劳动，进而等同于惩罚，长此以往使孩子对劳动产生了畏惧的心理，导致孩子劳动的积极性严重受挫。法国著名教育家卢梭曾高度评价劳动训练，他说："在人的生活中最主要的是劳动训练，没有劳动就不可能有正常人的生活。"但是很多家长对于劳动训练的方法和方式存在很多盲区。在孩子劳动训练实践过程中，不知道如何给孩子安排合适的劳动类型，只是片面地安排孩子做

一些常规的家务活动，如扫地、刷碗等。并且劳动训练和学习或者培训班发生冲突对，家长又会忽略劳动训练，导致劳动训练无法保持持久性。

三、忽视劳动成果评价，挫伤青少年劳动积极性

在家庭教育中，家长的肯定和鼓励对孩子良好习惯的养成具有积极的促进作用。家长在家庭劳动中，要积极地鼓励和正确引导孩子，对提高孩子的劳动积极性具有重要意义。而在日常生活中，家长往往将孩子的一些劳动行为认定为"凑热闹"，将一些"不成功"的劳动行为视为是"帮倒忙"，这样的做法会使孩子产生不自信的认知，进而产生"自我怀疑"倾向。类似的场景我们经常看到，当孩子在完成一项任务之后，往往换来的不是肯定和鼓励，而是家长的否定，甚至斥责。家长这样对孩子劳动成果的错误评价，会打击孩子的自觉劳动意识，甚至对劳动产生抵触心理。

四、将金钱作为鼓励手段，导致青少年劳动价值观发生异化

"拖地一次5块钱，自己洗衣服一次10块钱……"，这些"画面"在很多家庭中都经常出现。据心理学相关研究证实，适当的物质奖励的确能够使孩子感到精神愉悦。如果完全依赖物质奖励督促孩子完成一定工作的话，则对孩子会产生负面的影响。所以很多家长习惯将金钱作为鼓励孩子参与劳动的刺激手段，这样的做法或许能解决当下的问题，但是并非长久之计。当劳动的动力变为金钱时，孩子的劳动价值观必然会发生异化，劳动光荣的观念则不会被认同，其只是一次次冷冰冰的"金钱交易"，在这一过程中青少年会变得愈发自私、冷漠。

大学生在劳动习惯、劳动意识方面的偏差，表现出的高分低能、生活自理能力差、自我管理能力弱、意志不坚强等现象，一定程度上是家庭教育不当所致。因此，我们要注重家庭教育在学生成长中的作用，充分调动家庭力量促进高校劳动教育，建立大学生劳动价值观培育的长效联动机制。

第三节　学校教育不到位弱化高校劳动教育有效性

正确劳动价值观的塑造和确立需要学校系统化的劳动教育，当前高校大学生劳动价值观出现偏差，不仅与学校教育各阶段劳动教育缺失有关，而且与学校对劳动教育的认识不到位有关，大学生需要补上劳动教育这一课。高校劳动教育的缺失主要体现在以下几个方面。一是劳动教育课程的缺失。在访谈中被问及"您所在高校有开设专门的劳动教育课程吗？"时，基本上所有的同学都说"没有"。即使一些高校开设了劳动教育课程，但课程内容不够丰富，考核评价体系也不够科学。思想政治理论课和一些专业课程在讲授相关内容时也缺少必要的价值引导，对培养学生劳动意识的作用十分有限。调查发现，在高校开设的思想政治理论课及《大学生职业生涯规划》《大学生就业指导》等教材中很难找到与劳动教育相关的内容。二是日常劳动教育不足。有部分高校认为教学计划中已经有实习实训、社会实践等教学环节，没必要再进行专门的劳动教育，辅导员、班主任等也认为自身没有进行与劳动相关的引导与教育的责任和义务。可见，当前高校思想政治教育工作在对学生劳动教育方面引导力度不够。三是劳动机会少。基于保障学生安全考量，各高校不断推进后勤服务社会化，校园走廊、教室、卫生间等各个角落都有专门的保洁人员打理，很多大学生没有劳动锻炼的机会。高校劳动教育缺失，劳动教育沦落到被边缘化、片面化的困境，是导致高校众多"95后""00后"大学生劳动价值观出现偏差的重要原因。

一、忽视劳动理论教育

劳动理论教育主要指的是劳动观念方面的理论教育，不包括技能方面的理论教育。大学生劳动教育需要结合大学生的身心特点开展，区别于中小学的劳动教育。大学生不通过系统学习很难深入了解劳动并形成正确的劳动观，只有当大学生在理论层面上理解了劳动，尤其是理解了劳动对人类、对社会、对个人的意义，才能真正热爱劳动，具备劳动的责任感及使命感。目前，高校劳动理论教育存在以下几个方面的问题。

首先，高校不重视劳动理论教育。本次调查显示，关于"您的学校是否开设劳动教育必修课程？"的问题，44.63% 的受访大学生表示已经开设劳动教育必修课程，55.37% 的受访大学生表示未开设劳动教育必修课程。开设劳动教育必修课程的高校尚未占到一半。在已经开设劳动教育必修课程的高校中，关于"是否有关于劳动理论教育方面的教材？"的问题，63.4% 的受访大学生做了肯定的回答，36.6% 的受访大学生做了否定回答。可见，在开设劳动教育必修课程的高校中接近四成的高校并没有劳动理论教育方面的教材。另外，本研究通过调研多所高校，搜集了 20 余所包括普通本科与高职高专院校在内的劳动教育实施方案，分析得出，大部分高校劳动教育的方案均以实践教育为主，满足教育部规定的普通高等学校本科阶段开展劳动教育不少于 32 学时、职业院校不少于 16 学时的要求。但是关于劳动理论教育很少涉及甚至没有，即使在有限的劳动理论教育课时计划中，关于劳动理论教育的内容也相对较少，且内容乏味、枯燥，难以激发学生的学习兴趣。部分高校在教育理念上轻视劳动理论教育。一种观点认为，没有进行理论教育的必要，劳动观念的培养只要在实践中锻炼便可以养成；另一种观点则认为，劳动理论教育内容十分复杂，大学生学业负担很重并不需要花费过多的时间去系统学习深奥的劳动理论知识。这两种观点本质是一致的，不认为劳动理论教育对劳动观形成具有重要的作用，结果导致劳动理论教育始终不被重视。

其次，劳动理论教育内容缺乏系统性，缺乏创新性教育。在系统性方面，理论教育应建立以劳动必修课为主，思想政治教育理论课为重点，专业课、劳动就业创业与生涯规划课程为辅的理论教育课程体系。但在实际的教育过程中，尚未形成。具体来说，劳动理论教育应主要依托于劳动必修课程，劳动必修课程的内容应当贯彻马克思主义劳动理论教育的内容。但是目前劳动理论教育的教材建设尚处于起步阶段，高等职业与专科院校的劳动理论教育教材相对丰富一些，普通本科院校的劳动理论教育教材建设相对滞后，很多学校没有劳动理论教育教材。即使有劳动理论教育教材，有些高校的劳动理论教育知识点仍过于零散，没有体现出马克思主义劳动理论教育的系统性，理论教育内容缺乏整合。各高校应根据《关于全面加强新时代大中小学劳动教育的意见》尽快选用适合大学生使用的理论教材，根据本校实际编写劳动理论教育教材。劳动理论教育属于思想政治教育范畴，但是无论是在理论性较强的《马克思主义基本原理概论》《毛泽东思想和中国特色社会主义理论体系概论》《中国近现代史纲要》课程，还是贴近学生生活的《思想道德修养与法律基础》课程，都较少涉及与劳动理论教育直接相关的内容，系统性的论述更是少之又少。专业课、就业创业与生涯规划课程中关于就业创业等与大学生劳动相关的内容较多，但是从马克思主义劳动理论教育角度阐明就业、创新创业、生态劳动的内容却乏善可陈。由于劳动理论教育内容在相关课程中缺乏系统性、连贯性，加之课时的制约，很多劳动理论教育的内容在实际授课过程中被忽略和省略，致使大学生对劳动的深层次目的、意义以及劳动对个人与社会的发展作用不具备深刻的认知。

没有突出创新劳动在劳动理论教育中的地位。创新是一个民族进步的灵魂，是一个国家发展的不竭动力。但在实际的劳动理论教育过程中，劳动理论教育与创新创业教育相脱节的情况严重。马克思关于创新劳动的论述不多，主要是因为其聚焦资本主义社会化大生产的生产劳动，与其生活的特定历史条件有关。随着科技的发展，创新劳动被提到越来越重要的地位，这就要求高校必须结合建设创新型国家的要求，将劳动理论教育与创新创业教育内容进行有机整合，突出创新劳动在劳动观教育中的地位。劳动理论教育缺乏时代感是造成大学生对劳动教育提不起兴趣、教育效果不明显的重要原因。当代大学生生活的社会环境发生了翻天覆地的变化，科技使人从繁重和琐碎的体力劳动中解放出来，劳动理论教育既要强调劳动对人的全面发展和社会发展的基础作用，又要使大学生认识到创新劳动与生态劳动的必要性，从理论的高度审视劳动的发展变化与归宿，只有这样才能激发大学生的劳动兴趣，形成适应时代发展的劳动观。

最后，劳动理论教育师资队伍有待建设。针对"哪些老师讲解过关于劳动理论教育内容？（多选）"的问题，调查显示，43.78%的受访大学生选择思政课教师，26.42%的受访大学生选择专业课教师，46.34%的受访大学生选择辅导员和班主任，18.34%的受访大学生选择了其他选项。在其他选项中进一步反馈的有81条，其中69条回答无教师讲解过关于劳动理论方面的内容，12条回答自己承担。根据上述问卷调查及本研究对多所高校的调研，目前各高校几乎没有专职从事劳动教育的教师，大部分劳动理论教育由思政课教师、专业教师、辅导员和班主任承担，劳动理论教育师资队伍有待建设，这也印证了一部分学校尚没有开设劳动必修课程，并且在其他课程教学中没有渗透劳动理论教育内容的现实情况。当前，各高校贯彻落实《关于全面加强新时代大中小学劳动教育的意见》正处于起步阶段，劳动教育必修课程的建设有待于进一步完善。除了与劳动紧密相关的专业，如劳动关系、劳动与社会保障等专业外，各高校几乎没有劳动理论教育的专任教师，并且很少有高校组织从事劳动理论教育的相关教师进行劳动理论知识的培训，这些情况直接导致劳动理论教育缺乏并且不够专业。

二、劳动理论教育与实践教育的结合不紧密

新时代劳动教育的主要使命就是要让学生牢固确立"四个最"的劳动价值观，旗帜鲜明地反对一切不劳而获、贪图享乐、崇尚暴富的错误思想，让中华民族勤俭、奋斗、创造、奉献的劳动精神在一代又一代青少年身上发扬光大。而要做到这些，必须通过实实在在的劳动实践加以培养，从劳动中体认"四个最"的劳动价值，并且形成正确的劳动观。但在实际的劳动教育过程中，大学生理论教育与实践教育存在脱节现象，没有实现有机的结合，导致大学生劳动出现知行不一的情况。

首先，过于偏重劳动技能教育，忽视劳动教育。长期以来，对劳动实践教育存在着一种误解，认为劳动实践教育是教会学生实用的劳动技能，几乎不涉及劳动观的教育内容。中小学劳动实践课程，往往涉及包括衣服的洗涤、家庭烹饪、手工缝纫、手工艺制作、家用电器的使用等实用技能。高校则以专业技能实践教育为主，常常以生产实习实训为劳动实践的主要内容，注重技能的培训。部分高校用劳动技能教育代替劳动教育，在课程教育中没有相关的劳动理论教育，只有专业技能的教育内容，用实习实训代替劳动教育，没有抓住劳动教育的重点，即培养大学生形成正确的劳动观。毋庸置疑，劳动技能实践教育是促进大学生形成正确劳动观的重要途径之一，但是我们必须认识到，劳动技能教育不能代替劳动教育。培养德才兼备的社会主义建设者和接班人是劳动教育的目标，劳动技能实践教育更多是注重技能的教育，因此，过多的重视技能教育而忽视劳动教育，将导致人才培养失去德性的塑造。

其次，有劳无教的情况比较普遍。大学生劳动实践主要是为了形成马克思主义劳动观，培养大学生适应时代发展的劳动精神和品质。但是在劳动实践过程中，往往只有单调的机械劳动，劳动的重要意义教育缺失。大学生在劳动过程中没有获得具有教育性的东西，导致有劳无教的情况出现。劳动实践不是单纯的体力付出，它必须有精神的培养，必须突出实践的教育性。根据调查显示，在高校劳动实践过程中，教师很少讲解关于劳动观的相关知识。针对"在哪种场合老师讲解过劳动观相关知识？（多选）"的问题，调查显示，大学生认为在劳动周、社会实践、志愿服务实践活动中，教师讲解关于劳动观相关知识相对较少。数据说明，目前，很多高校往往只进行单纯劳动实践而缺少劳动观教育环节，劳动实践教育趋于形式化。以"劳动周"为例，很多高校开展"劳动周"往往是配合教学大纲而设置的形式化课程，没有专业的教师对开展"劳动周"实践意义进行说明，缺乏相应的监督、总结、评价环节。还有一些高校把"劳动周"变相改成专业"实训周"，用作学习职业技能，与劳动教育没有必然联系。

第四节　大学生劳动价值观的偏差制约高校劳动教育的实效性

一、大学生劳动价值观的态度认知错位

1.劳动态度不端正

劳动态度不端正有两种较为明显的表现方式。其一是以消极的态度对待劳动，存在抵触劳动的想法。家务劳动虽然是广义劳动中十分微末的一部分，但是当代大学生缺少劳动、抗拒劳动的现象并不鲜见。其二是对待劳动的态度比较功利，存在"劳动必须有所获得"的功利心理。在我国传统的劳动教育中，"多劳多得"概念的广泛传播，一方面，鼓励了大学生通过勤奋劳动实现自己追求的目标；另一方面，也促使大学生养成了付出必然要得到应有回报的惯性逻辑。"多少劳动＝多少收获"的想法一旦遇到自己的付出得不到预期回报的情况，就会影响到大学生劳动中的积极性或者采取投机取巧方式乃至放弃劳动。

2.劳动习惯未养成

在学生进入高校学习之前，中小学教育和家庭教育对学生没有做出硬性的劳动要求，学生从小就没有养成良好的劳动习惯，由父母、保姆、老师等"后勤"人员包办劳动的情况比较普遍。少数有开展劳动教育的学校，其劳动形式和内容都过于单一，因此学生和家长走过场的现象十分常见。这也就不难理解现在的大学生开始高校集体生活时，劳动能力不足、劳动习惯较差，"巨婴"现象的日益突出。劳动习惯缺失的问题不仅成为高校教育管理中的一个难题和痛点，而且影响到了大学生的健康成长和全面发展，导致大学生在专业学习、社会实践、求职就业的过程中缺乏解决问题的能力和克服困难的勇气。

二、大学生劳动价值观的目标定位不当

1.劳动负担思想日益凸显

马克思强调："任何个人都不能把自己在生产劳动这个人类生存的必要条件

中所应承担的部分推给别人。"也曾指出人正是通过"现实的劳动"来"使自己的生命活动本身变成自己意志的和自己意识的对象",从而实现其真正的自由与解放。劳动应当是义务和权利的结合体,但是当代大学生将劳动视为一种苦事、麻烦事的想法普遍存在。将劳动视作一种负担,而不是权利,这种希望不劳而获、坐享其成、一夜暴富实现财务自由的思想在青年群体中也有了苗头倾向。

2.劳动目标设定不切实际

因为在大学阶段没有养成深厚的劳动情怀、尚未树立正确的劳动价值观,导致一些同学在就职、就业、创业时制定的目标不切实际,在具体劳动时心浮气躁、投机取巧,影响正常的劳动任务完成。例如,一些大学生找工作不从自身实际出发,而是一味追求"理想工作""完美工作",导致就业态度消极,宁愿守株待兔做"啃老族",也不愿"委屈"自己脚踏实地投入劳动。还有一些同学仅凭一时热情,忽视创业的难度与风险,盲目投入创业,导致不仅遭受经济损失,同时也影响了自身的生涯发展。

三、大学生劳动价值观的价值标准失当

"劳动过程把脑力劳动和体力劳动结合在一起了"。脑力劳动和体力劳动作为劳动的不同形式,是紧密结合的不可分割的,共同统一在"劳动"这一过程中。所以,既不应当将脑力劳动和体力劳动进行价值割裂,也不应当将两者做价值高下之别。但是,随着现代化科技的发展,简单重复的体力劳动已经被机器代替,长时间脱离了体力劳动的大学生就容易产生两种劳动形式的价值认知偏差。其一是认为脑力劳动和体力劳动完全不相干的"价值割裂论",即认为脑力劳动和体力劳动作为两种完全不同的劳动形式,他们之间的价值是没有联系、各自独立的;其二是认为脑力劳动比体力劳动"高贵"的"价值高下论",即认为体力劳动是重复、价值低下的劳动形式,脑力劳动是创新、价值突出的劳动形式,脑力劳动比体力劳动珍贵。这两种劳动形式的价值认识偏颇就衍生出了职业贵贱论,影响了大学生未来正确的择业观、就业观树立,也影响了正确劳动价值观的养成。

第七章
新时代高校劳动教育的实践探索

经过调查新时代高校劳动教育的现状表征，在分析新时代高校劳动教育问题根源的基础上，落实习近平总书记关于劳动教育重要论述的实践路径主要围绕四个主体来进行阐释。一是从家庭来看，要巩固家庭劳动教育的基础性作用；二是从学校来看，要发挥学校劳动教育的主体性作用；三是从社会来看，要注重社会劳动教育的支持性作用；四是对于个人自身来说，要强化自我劳动教育的内生性作用。

第一节　新时代高校劳动教育工作的目标定位

高校劳动教育不仅要引导学生掌握基本的劳动知识和技能，养成劳动习惯和品质，更需要引导其树立科学的劳动观。新时代高校劳动教育目标以促进学生的全面发展为目的，遵循培育马克思主义劳动观的意识形态指向，从引导青年理解"为何劳动"、认同"何人劳动"、践行"如何劳动"、感悟"何以劳动"四个方面进行科学定位。高校劳动教育重点引导青年理解"为何劳动"，树立正确的劳动价值观；认同"何人劳动"，树立正确的劳动主体观；践行"如何劳动"，树立正确的劳动过程观；感悟"何以劳动"，树立正确的劳动关系观。高校劳动教育各基本目标之间并非彼此独立，而是相互联系、相互制约，且具有很强的动态性。在不同的学段，高校劳动教育目标需要依据学生的认知特点来编制，其侧重点是不同的。

一、树立正确的劳动价值观

劳动价值观是马克思主义的基本观点，马克思和恩格斯在经济学和人类学两个视域中阐述了相关内容。在经济学视域里，劳动创造商品价值，是社会财富的源泉。马克思认为，商品是社会财富的外在表现形式，研究资本主义经济应从商品入手。在分析商品的二重性（使用价值和价值）时，马克思挖掘了劳动的二重性：具体劳动和抽象劳动。什么样的劳动形成价值？针对这个问题，马克思强调，不同形式的具体劳动生产商品的使用价值，但商品的价值由抽象劳动决定，抽象劳动是凝结在商品中无差别的人类劳动。不同商品进行交换的前提是因为商品的价值量不同，这种价值量是由生产商品的社会必要劳动时间决定的。在人类学视域中，马克思和恩格斯从唯物史观的角度分析"劳动创造了人本身"。人类通过劳动，可以再现并支配任何一种物质运动形式。劳动因此成了最为复杂最为精巧的物质运动，而人因此成了最有潜力最善于发展的生命机体。人类的生存环境是个不断扩大、不断深化的开放系统。人类在劳动中不断优化同自然界物质交换、能量交换和信息交换的关系，逐步完成自身生命过程有序化，即实现人生目的。概括说来，劳动所形成的主客体关系包括人与自然、人与社会、人与自身三个层次。

马克思、恩格斯的劳动价值观在中国得到继承和发展。新中国成立后，在社会主义制度下，我国强调人民当家作主，确立人民的劳动价值主体地位，形成以集体本位为主导的劳动价值取向，崇尚劳动模范，弘扬劳动精神。步入新时代，习近平总书记全面论述了新时代的劳动价值观。强调劳动创造人生价值，"只有奋斗的人生才称得上幸福的人生"，"一切劳动者，只要肯学肯干肯钻研……就都能在劳动中发现广阔的天地，在劳动中体现价值、展现风采、感受快乐"。习近平强调劳动创造人类文明，"劳动是推动人类社会进步的根本力量"，中华民族是勤于劳动、善于创造的民族，在劳动创造中造就了辉煌的历史，也将开创美好的未来。习近平强调劳动托起中国梦，伟大事业都"始于梦想""基于创新""成于实干"，"社会主义是干出来的"要尊重劳动者，依靠人民，造福人民。习近平强调"劳动，是共产党人保持政治本色的途径"，中国共产党党员必须投身到具体的劳动实践活动中。

引导学生理解"为何劳动"是高校劳动教育的首要目标，也是高校劳动教育的起点。高校学生只有知道劳动的价值，才能全身心投入劳动实践中，并在劳动实践中实现劳动价值。随着社会的快速发展，资本、技术、消费成为生产生活的核心，勤劳致富、勤俭持家的传统文化受到极大挑战，这些变化影响了当代人的劳动观念。尤为严重的是，各种富而不劳、劳而不富的现象冲击了青年的世界观、人生观和价值观，使得部分青年养成好逸恶劳、盲目消费、坐享其成的不良观念。因此，高校劳动教育要引导学生树立科学的劳动价值观。其主要体现在理解劳动成就人的价值、劳动创造人类文明、劳动托起中国梦、劳动是共产党人保持政治本色的途径等维度中。

二、树立正确的劳动主体观

"人民"是马克思主义理论体系的核心概念。纵观马克思主义原理，其归根到底是站在人民的立场寻求人类的解放，以建立"自由人的联合体"为理想目标。人民群众是历史的创造者，是推动社会历史发展的根本力量。一方面，人民群众创造了物质财富和精神财富。"无论不从事生产的社会上层发生什么变化，没有一个生产者阶级，社会就不能生存"。无论是农业社会、工业社会还是信息社会，人民群众在劳动中创造和积累了物质生存资料，使人类社会得以延续和发展。在人类社会的发展进程中，人民群众在生产实践中创造了精神财富，推动了社会文明的发展。马克思强调，"劳动创造了宫殿……劳动创造了美"。人民群众精神财富的创造源于生产实践的需要，又反过来促进社会生产实践的发展。另一方面，人民群众是社会历史进步的推动者。在时代的更迭中，阶级矛盾从未冷却，阶级斗争司空见惯。但无论历史怎样演变，人民群众始终是历史发展的主体。无产阶级的优越性在于它始终代表广大人民群众的根本利益，而广大人民群众的合力是推翻资产阶级统治的核心力量。

步入新时代，以习近平同志为核心的党中央始终坚持"人民是历史的创造者"的历史唯物主义基本观点，形成"以人民为中心"的劳动主体思想，提出中华民族的伟大复兴"必须紧紧依靠人民、始终为了人民"。一是强调普通劳动群众的作用，无论是科学家、工程师、大国工匠……还是环卫工人、快递小哥、出租车司机……千千万万的劳动者都是社会主义的建设者和参与者，都应获得社会的尊重。二是强调知识分子是工人阶级的一部分。广大知识分子"能够提供十分重要的人才支撑、智力支撑、创新支撑"，"包括广大知识分子在内的我国工人阶级是改革开放和社会主义现代化建设的主力军"。三是在全社会宣扬"劳模精神""劳动精神"和"工匠精神"。社会应弘扬以爱岗敬业、争创一流、艰苦奋斗、勇于创新、淡泊名利、甘于奉献为主要特征的劳模精神，弘扬崇尚劳动、热爱劳动、辛勤劳动、诚实劳动的劳动精神，弘扬执着专注、精益求精、一丝不苟、追求卓越的工匠精神，强化劳模的引领力，厚植工匠文化，培育更多"中国工匠"。

"青年是中国特色社会主义事业接班人、是国家的未来和民族的希望"。高校劳动教育应引导青年树立正确的劳动主体观，认同"普通劳动群众的作用"，尊重社会主义的建设者和参与者；了解"劳动群众的基本权益"；弘扬劳模精神、劳动精神和工匠精神。其中，高校劳动教育应着重引导青年弘扬和践行劳模精神和工匠精神。

引导高校学生弘扬和践行劳模精神。劳模精神反映了特定时代的价值取向，代表着一个社会的人文精神和道德观念，展示了中华民族的崇高品格和精神风貌。在不同的社会历史条件下，每一个时代的劳模精神都有其特定的时代特点。但无论社会怎么发展变化，劳模精神的本质内涵是相通的，如强烈的主人翁意识、忘我的辛勤劳动、良好的职业道德等。步入新时代，习近平阐释了劳动精神的时代内涵，并强调劳模精神丰富了民族精神和时代精神，是宝贵的精神财富。一代人有一代人的使命，新时代的青年应积极弘扬和践行劳动精神。学习劳模身上闪耀的信仰光彩，把人生理想与人民的利益紧密联系在起，在艰苦奋斗和无私奉献中实现自我的个体价值和社会价值；学习劳模实干苦干的劲头，坚守"爱岗敬业"的本分，筑立"争创一流"的追求，树立"艰苦奋斗"的作风，担负"勇于创新"的使命，修炼"淡泊名利"的境界，养成"甘于奉献"的修为，向劳模看齐。

引导学生弘扬和践行工匠精神。中国"港珠澳大桥"、北盘江特大桥、塔克拉玛干沙漠公路、贵州"天眼"等世界级工程的建成，折射了我国日益增强的综合国力，也呈现了中华民族源远流长的工匠精神。中国的"工匠文化"历史悠久，"工匠精神"影响深远，其主要体现在工匠自身的职业素养上。对于一名工匠而言，不仅要有高超的技艺，还要拥有崇高的德行，才能做到德才兼备。现如今，工匠精神的内涵不断丰富，是社会主义劳动精神的重要组成部分。其主要强调职业精神，是从业者的一种职业价值取向和行为规范，如敬业、精益、专注、创新等。不管是传统手工工匠，还是当代"机械工匠""数字工匠"，他们都是人类物质与精神文明的缔造者，也是工匠精神最直接的代表。因此，高校劳动教育应引导青年传承工匠精神的精髓，塑造工匠精神的风骨，以工匠精神塑造自身的民族性格和精神风貌。

三、树立正确的劳动过程观

高校劳动教育重在引导高校学生身体力行，出力流汗。而且，劳动固然重要，但更重要的是大学生以什么样的态度和方式去劳动。高校劳动教育应通过多种形式引导青年树立正确的劳动过程观，使其在认知上了解幸福劳动的理想状态，在理念上形成"崇尚劳动、尊重劳动、热爱劳动"的劳动态度，在行动上践行"辛勤劳动、诚实劳动、创造性劳动"的劳动精神。

引导高校学生辛勤劳动。辛勤劳动是劳动者的基本态度。中国特色社会主义迈进新时代，社会的主要矛盾已经由"人民日益增长的物质文化需要同落后的社会生产之间的矛盾"转变为"人民日益增长的美好生活需要和不平衡不充分的发展之间的矛盾"。而无论是"物质文化需要"还是"美好生活需要"，都需要每一个劳动者以"辛勤劳动"来获取。"民生在勤，勤则不匮"。随着社会的发展、科技的进步以及生活水平的提高，资本、知识、技术、信息在生产生活中的力量不断凸显，人们的劳动观念发生了很大变化。部分青年受到社会风气的影响，对劳动的理解也有失偏颇，青年群体中出现好逸恶劳、渴望不劳而获、盲目消费、商品拜物教等现象。为了应对这些问题，劳动教育应着重引导个体树立正确的劳动观。一方面，基于马克思的劳动价值理论，帮助青年理解劳动是财富的源泉，认可"按劳分配"原则，摒弃好逸恶劳、不劳而获等不良思想。另一方面，站在人类社会历史发展的宏观高度以及个体成长成才的微观视角，帮助青年理解劳动在推动历史发展和帮助个体圆梦上所发挥的重要作用，从而尊重劳动、辛勤劳动、创造性劳动。

引导高校学生诚实劳动。诚实劳动是劳动者的内在道德要求。在中国传统文化中，"君子爱财，取之有道""富与贵，是人之所欲也，不以其道得之"。这些名言警句体现的是古人的财富理念和伦理规范：君子应以"道"获"利"。步入新时代，在全球化、信息化、网络化的市场经济环境中，在物质主义与利己主义涌现的社会背景下，以"道"获"利"的伦理规范正在接受时代的拷问。当前，投机取巧、损人利己、违法致富等现象频出，炫富和暴富的心态玷污了社会风气。在这个背景下，诚实劳动的理念和规范是新时代必须倡导和落实的。何为新时代的诚实劳动？在本质上，诚实劳动强调的是劳动者积极实干，而不是投机取巧。其表现在社会关系上，即要求坚守公平正义，反对损公肥私、损人利己。在经济形态上，诚实劳动反对资本欺诈，反对违法乱纪。特别是在虚拟经济时代，反对网络诈骗。在人与自然的关系上，诚实劳动要求绿色发展，不以牺牲生态为代价换取经济发展。在社会文化培育上，诚实劳动意在实现"人人为我，我为人人"的文化形态，使每一个劳动者都具备劳动自觉和劳动获得感。塑造诚实劳动的社会风气是时代赋予高校劳动教育的重任。高校劳动教育应引导学生诚实劳动，帮助其理解诚实劳动的重要性，引导其树立诚实劳动的道德理念，深化其对"劳动与资本""劳动者的权益""劳动法"等内容的认识。

引导高校学生创造性劳动。在马克思看来，把人类劳动分为简单重复劳动和创造性劳动，后者是人脱离动物的根本力量。因为创造性劳动使人类不断超越奴役劳动和谋生劳动，走向体面劳动和自由劳动，是解放生产力、发展生产力的客观要求，是人类社会历史发展的必然。新时代，科技发展和产业变革使生产力要素发生了质变，大数据、人工智能、物联网、量子科技等不断影响着劳动者的生产生活，为创造性劳动的发展提供了史无前例的基础。相对于传统的简单重复劳动，创造性劳动在时代发展中扮演越来越重要的角色。为此，《意见》重点强调劳动教育要"适应科技发展和产业变革，针对劳动新形态，注重新兴技术支撑和社会服务新变化"。在社会的劳动时间、劳动工具、劳动形式等都发生革命性变化的背景下，利用时代机遇锻炼青年一代的创新能力是高校劳动教育的重要使命。一方面，要立足于数字革命时代对劳动者提出的新要求，构建青年一代的核心劳动素养，其中涉及劳动精神、劳动技能、劳动习惯、劳动思维等内容。另一方面，要以实现社会和经济的可持续发展为价值目标，整合多领域知识与技能，将人工智能、数字技术、劳动规范、职业实践、经济发展规律等相关内容纳入劳动课程中，引导青年实现知识的融会贯通，为实践创造性劳动做好充分准备。

四、树立正确的劳动权益观

马克思劳动关系理论是马克思主义理论的重要组成部分，其永恒的主题是劳动与资本的关系。在机器大生产背景下，马克思在分析自由市场经济的基础上，研究了私有制中资本家与工人之间的关系，构建了独特的劳动关系理论。马克思认为，资本主义社会劳资关系以雇佣劳动的形式出现，雇佣劳动者是价值的创造者，却在异化劳动中无法获得劳动权利。这一矛盾关系意味着资本主义劳资关系的实质是统治与被统治、剥削与被剥削的关系。雇主财富的积累和雇佣劳动者贫困的积累引发频繁的劳资冲突和劳工运动。出于劳资合作的需要，资产阶级不断修改劳动法，不断协调劳动关系，劳动关系经历破坏、修复、重建的历史周期。私有制基础上的劳资关系矛盾将始终贯穿资本主义的发展，解决资本主义劳资冲突的根本途径是消灭雇佣劳动，消灭私有制。

1956年，"三大改造"完成后，我国消灭了私有制，消灭了剥削制度。故当代中国的劳动关系与资本主义剥削与被剥削的劳动关系存在根本的差异。与此同时，我国的劳动关系与计划经济体制下的劳动关系不同，也与马克思设想的未来的劳动关系有所差异。改革开放后，我国发展社会主义市场经济，实行按劳分配为主体、多种分配方式并存的分配制，集体经济、个体经济、私营经济、外资经济、混合所有制经济等所有制结构形式并存。在此背景下，劳动者与生产资料存在多种结合样式，如个体劳动、雇佣劳动和局部范围内的联合劳动等。在社会主义市场经济中，商品货币关系不断发展，资本和劳动仍存在分离现象，雇佣劳动关系仍然是重要的经济发展基础。在探索社会主义市场经济的初期，很多人"拒绝"谈劳资矛盾和冲突，又或以阶级斗争理论解释劳动关系矛盾，这显然是不符合社会历史发展规律的。面对社会主义初级阶段的具体情况，必须拓展以取消雇佣劳动的阶级斗争解决劳资冲突的马克思劳动关系理论。

为了推动中国劳动关系的健康发展，构建合理的中国劳动关系制度，应积极挖掘劳动和资本平等合作、互利共赢、和谐发展的可能性，充分体现社会主义制度的优越性。2006年，党的十六届六中全会提出"发展和谐劳动关系"的重大论断，这是马克思劳动关系理论中国化的合理拓展。步入新时代，以习近平同志为核心的党中央多次强调构建中国特色社会主义和谐劳动关系，以有效预防和化解劳动关系矛盾。其强调发挥党政、群团、企业、社会等各方力量，"完善政府、工会、企业共同参与的协商协调机制，构建和谐劳动关系"。马克思劳动关系理论在新时代得到进一步的科学发展。

"劳动关系是生产关系的重要组成部分，是最基本、最重要的社会关系之一。"青年是未来参与生产劳动的主力军，是劳动关系的主要参与者。高校劳动教育的重要目标之一就是引导学生感悟在社会主义条件下"何以劳动"，树立正确的劳动权益观。高校劳动教育既要引导学生把握马克思劳动关系理论的精髓，认识中国特色社会主义和谐劳动关系的要义，更要引导高校学生学习劳动法、劳动合同法以及其他劳动法律法规，为积极承担劳动责任做好准备。

第二节　新时代高校劳动教育工作的行动原则

劳动教育的原则是有效进行劳动教育所必须遵循的基本要求，它是合目的性与合规律性的统一。从合目的性的角度看，新时代高校加强劳动教育必须符合国家高等教育的基本方针和目的，完成高等教育的基本任务；从合规律性的角度看，新时代高校加强劳动教育必须符合当代大学生的身心发展规律和新时代的社会劳动发展规律。从合目的性与合规律性相统一的视角出发，本研究提出了新时代高校加强劳动教育的五项基本原则，以期对高校劳动教育的成功实施提供有效的指导。

一、思想性原则

要深刻理解和把握劳动教育在社会主义建设者和接班人培养中的思想引领作用。关于我国教育的人才培养目标，不同的时期有不同的说法。1950 年 7 月，第一次全国高等教育会议上提出要"培育具有高度文化水平的、掌握现代科学和技术成就的、全心全意为人民服务的、高级的国家建设人才"。1957 年，毛泽东同志在《关于正确处理人民内部矛盾的问题》中明确，"我们的教育方针，应该使受教育者在德育、智育、体育几方面都得到发展，成为有社会主义觉悟的有文化的劳动者"，用"有文化的劳动者"取代"高级的国家建设人才"的说法。1978 年 4 月，邓小平同志在全国教育工作会议上的讲话中使用了"合格的人才""专门家""劳动后备军"等说法。1985 年《中共中央关于教育体制改革的决定》中，则出现了"要造就数以亿计的工业、农业、商业等各行各业有文化、懂技术、业务熟练的劳动者。要造就数以千万计的具有现代科学技术和经营管理知识，具有开拓能力的厂长、经理、工程师、农艺师、经济师、会计师、统计师和其他经济、技术工作人员。还要造就数以千万计的能够适应现代科学文化发展和新技术革命要求的教育工作者、科学工作者、医务工作者、理论工作者、文化工作者、新闻和编辑出版工作者、法律工作者、外事工作者、军事工作者和各方面党政工作者。"这一复杂的列举式描述在 1993 年的《中国教育改革和发展纲要》中被凝练为"培养德、智、体全面发展的建设者和接班人"。1995 年《中华人民共和国教育法》和 1998 年《中华人民共和国高等教育法》中正式确定为"德、智、体等方面全面发展的社会主义事业的建设者和接班人"。2015 年重修《中华人民共和国教育法》与《中华人民共和国高等教育法》时，则发展为"德、智、体、美等方面全面发展的社会主义建设者和接班人"。

与"劳动者"相比，"建设者与接班人"的提法更强调人才的专业性与政治性，这一导向完全符合当今社会发展与科技进步的大趋势。实际上，无论何时，合格的社会主义建设者和接班人，本质上都是"以劳动托起中国梦"的辛勤劳动者、诚实劳动者、创造性劳动者。习近平总书记将劳动教育纳入社会主义建设者和接班人的要求之中，充分彰显了建设者和接班人的劳动者本质。强调在劳动中坚定理想信念、在劳动中厚植爱国情怀、在劳动中加强品德修养、在劳动中增长知识见识、在劳动中培养奋斗精神、在劳动中增强综合素质，以劳动教育夯实社会主义建设者和接班人全面发展的基础，是新时代我国加强大学生劳动教育的首要原则。

二、时代性原则

要深刻理解和把握新时代劳动的"变"与"不变"。一方面，要讲明新时代劳动的本质不变性。马克思主义唯物史观强调，劳动是人类的本质活动，劳动改造自然、劳动创造世界、劳动创造人本身，离开劳动人类就不能生存与发展。这些本质特征决定了劳动始终是推动社会发展、人类进步的根本力量。即使到了新时代，人工智能可以代替人类的部分体力或脑力劳动，人类的自由闲暇时间可明显增加，但绝不能滋生贪图享乐、好逸恶劳的心理。要知道，人类的文明进步、社会的健康和谐、国家的繁荣富强，依然离不开中国制造硬实力的支撑，离不开全体社会成员人尽其才、各尽所能的辛勤劳动、诚实劳动、创造性劳动。习近平总书记强调，劳动是人类的本质活动，劳动光荣、创造伟大是对人类文明进步规律的重要诠释。人民创造历史，劳动开创未来。劳动是推动人类社会进步的根本力量。实现我们的奋斗目标，开创我们的美好未来，必须紧紧依靠人民、始终为了人民，必须依靠辛勤劳动、诚实劳动、创造性劳动。"劳动是财富的源泉，也是幸福的源泉。人世间的美好梦想，只有通过诚实劳动才能实现；发展中的各种难题，只有通过诚实劳动才能破解；生命里的一切辉煌，只有通过诚实劳动才能铸就。这一系列论述生动诠释了马克思主义劳动本质在新时代的深刻真理性。新时代劳动教育必须以更生动更接地气、更有显示度的方式，将这些彰显着劳动亘古不变的本质特征的真理性认识讲深、讲透、讲活，走进每一个人的心里。

另一方面，要深入认识新时代劳动的形式变化性。讨论新时代的劳动时，不能只把体力劳动、简单劳动看成是劳动，要教育和引导大学生充分认识到新时代劳动形态的丰富性，以及不同形态的劳动在社会生产生活中的地位、作用，把脑力劳动与体力劳动、群体劳动和个体劳动、有偿劳动和公益劳动、简单劳动和复杂劳动、创造性劳动和重复劳动、生产领域的劳动和非生产领域的劳动等，都看成是劳动。既不把其中某一种劳动形式理解为劳动的全部，也不以其中一种形式否定相关联的另一种形式，真正明白并由衷认同"不论是体力劳动还是脑力劳动，不论是简单劳动还是复杂劳动，一切为我国社会主义现代化建设作出贡献的劳动，都是光荣的，都应该得到承认和尊重"的道理。要充分认识新时代劳动关系的复杂性，强化劳动教育的人本情怀，教育大学生正确认识体力劳动的社会价值，由衷地尊重体力劳动和体力劳动者，让体力劳动者变得越来越有文化，生活越来越丰富多彩，劳动的技术含量、收入、社会地位越来越高，正是新时代的社会正义追求。要回归劳动教育促进个体全面和谐健康发展的内在目的，教育引导学生深刻认识新时代劳动为自身全面发展创造的有利条件、提出的素质要求，加强职业生涯规划教育，从劳动是"生活的第一需要"，而不仅仅是"谋生的手段"的立场出发，引导学生积极主动地根据自己的才能、禀赋、兴趣、爱好就业创业，真正把劳动作为实现自我价值的内在需要。

三、体系化原则

要深刻理解和把握高校劳动教育有机融入与独立设置的关系，加强劳动教育的体系设计。劳动作为人类最基本、最重要的存在方式，本身就具有巨大的教育价值。它是完整的知识建构必不可少的统合要件，是个体发展智力、增长才干、形成健全人格、养成良好品德的根基。正是从这个意义上说，苏霍姆林斯基坚持认为，离开了劳动就没有真正的教育："教育的任务就是让劳动渗入我们所教育的人的精神生活中去，渗入集体生活中去，使得对劳动的热爱在少年早期和青年早期就成为他的重要兴趣之一。""如果学生只知享用由社会创造并提供给学校的那些物质和精神财富，就不可能产生真正的教育"。因此，作为教育的根和魂，作为实现整体育人和"全人培养"的必要条件，劳动教育理应有机融入人才培养的各个环节中。

对高校劳动教育而言，更需要强调这种有机融入。因为高等教育是直接面向职业的教育、直接通向工作和劳动岗位的教育，每个专业的教育，都带有劳动教育的性质，因此，高校推进劳动教育一定要将劳动教育与专业教育相结合，与实习实训相结合，与思想政治教育相结合，与创新创业教育相结合，与社会实践相结合，把劳动教育融入高校立德树人、教学科研的方方面面。但如前所述，如果只是强调有机融入，不给予劳动教育一定的相对独立地位，很有可能造成劳动教育在实践中被弱化、软化、淡化、形式化。因此，为实现新时代高校劳动教育的可持续发展，需要科学建构有机融入与独立设置相结合的新时代高校劳动教育体系。

从这一认识出发，以大学生五方面劳动素养的提升为核心，围绕新时代高校劳动教育的三大任务领域——劳动思想教育、劳动技能培育、劳动实践锻炼，结合现阶段我国高校人才培养体系与模式，课题组设计了"1+8"的劳动教育实施体系和"3+1"的劳动教育保障体系，提出了建构独立设置与有机融入相结合的新时代高校劳动教育体系的总体思路。

该体系由核心层"五大目标体系"，中间层"三大任务体系"和"1+8劳动教育实施体系"，以及外围层"3+1劳动教育保障体系"构成。其中，"五大目标体系"强调新时代高校劳动教育应以全面提升大学生劳动素养为核心，在通过各条教育渠道推进劳动教育的过程中，一定要有意识地强化相关劳动素养的培养。"三大任务体系"代表了实现新时代高校劳动教育"五大目标"需要强化的三大任务。其中，劳动思想教育重在培养大学生的劳动情感态度和劳动品德；劳动技能培育在强调劳动知识技能学习的同时也应关注相应劳动品德的训练；劳动实践锻炼是大学生养成良好劳动习惯的必由之路，同时，也是养成积极劳动情感态度、深化劳动知识技能学习的有效途径。劳动价值观作为劳动素养的最深层、最核心的要素，其成熟与稳定一定离不开劳动思想教育、劳动技能培育和劳动实践锻炼三大任务合力共推。"1+8劳动教育实施体系"则指明了实施高校劳动教育的现实途径。其中，"1"是指专门化的劳动教育课程建设，如专门开设《劳动科学概论》《劳动与社会保障法》等劳动教育类公共必修或选修课程，加强与新时代大学生劳动价值观养成和职业发展密切相关的劳动科学知识的学习，这理应成为新时代大学生劳动思想教育的重要组成部分。"8"则是劳动教育有机融入高等教育现有人才培养体系的八条路径，包括：劳动教育与思想政治教育的结合、与校园文化建设的结合，主要完成劳动思想教育任务；劳动教育与职业生涯教育和就业指导的结合，与创新创业教育的结合、与社会实践和志愿服务的结合、与产教融合的结合则是让学生在劳动实践锻炼中发展劳动思想、培育劳动技能的主要形式；劳动教育与专业教育的结合、与实习实训的结合，则是在知识学习与实践锻炼有机统一的过程中，强化劳动技能的培育，渗透劳动思想的教育。该体系的最外层是"3+1"劳动教育保障体系，旨在强调新时代高校劳动教育的扎实推进离不开各种内外部保障因素。其中，"3"指的是三大内部保障因素——师资队伍保障、条件保障和评价体系保障；"1"则是指劳动教育的社会支持。

四、创新性原则

要深刻理解和把握新时代高校劳动教育继承与创新的关系，特别是要注意根据新时代劳动和新时代大学生的新特点，内容出新、手段革新。

一方面，新时代劳动发展的新特点要求新时代高校劳动教育内容出新。各行各业、所有岗位的工作都是在劳动，都需要发扬劳模精神、劳动精神、工匠精神。正如习近平总书记所说的那样，"广大劳动者无论从事什么职业，都要勤于学习、善于实践，踏实劳动、勤勉劳动，在工作上兢兢业业、精益求精"。

另一方面，新时代大学生的新特点要求新时代高校劳动教育手段革新。新时代的劳动教育，面向的是"00后""10后"，这一代人是伴随着互联网长大的，是"网络原住民"。他们参与传统体力劳动的机会大大减少、劳动意识普遍缺乏，对劳动的认识与上一代、上两代也有很大差异，"不珍惜劳动成果、不想劳动、不会劳动"的现象会更突出一些。针对这一特点，在强调利用传统方式加强高校劳动教育、劳动情感态度教育和劳动品德教育，强化劳动实践训练的同时，也要积极借鉴国内外先进经验，精准灵活运用网络信息技术，通过亲身现场体验、模拟仿真试验、人工智能等形式拓展劳动教育方式。要注重利用"慕课"、在线课堂、翻转课堂、手机课堂、微课堂等方式讲好劳动教育课程，打造新时代劳动教育的"金课"，给劳动教育增强互动性、即时性、趣味性。要在用好校园内外传统纸质媒体的同时，抢占新媒体阵地，进行全媒体传播，积极利用新媒体的传播优势，利用"两微一端"网络平台，制作推广更多轻量化的、可视性高、互动性强的新媒体宣传作品，实现更好的传播效果。要把握网络传播的特点，根据"网络原住民"的媒体接触习惯，用平视的角度、平和的态度、平等的互动实现有效传播，推动劳动教育发展。通过这些方式，增强劳动教育的感染力、吸引力，让劳动教育"活起来""实起来""酷起来"，提升劳动教育的实际效果。

五、协同化原则

要深刻理解和把握学校教育与家庭教育、社会教育的关系，在用好学校这个主战场的同时，发挥好家庭教育和社会教育的协同作用。

一方面，要积极发挥家庭教育在个体劳动素养培育中的基础性作用，做好家校沟通工作，家校合力共同培养大学生良好的自我服务劳动和家务劳动习惯；家校合力共同培养大学生正确的择业就业观，有效解决好大学生就业中存在的"啃老""拼爹"等不良现象。

另一方面，要积极发挥好社会劳动教育的重要支撑作用。要加大社会实践力度，多多组织大学生走进社区、工厂、部队、农村，在改革开放和社会主义现代化建设的大熔炉里，感知中国大地，体察国情民情，在社会的大学校里，掌握真才实学，增益其所不能；要构建学校、社会、企事业单位三协同的师资团队，组建社会志愿者辅导团队，把劳动模范、大国工匠、传统技艺师傅、非遗传承人、老教授、老专家、老艺人、老科技工作者等组织动员起来，为学生劳动创造提供辅导；要充分发挥好高等教育的社会服务功能，积极与企事业单位建立产学研用、互惠互利的合作共赢关系，切实建设好和发挥好校外劳动实践基地的作用；要积极向政府争取政策立法，以减免部分税收或拨付企业教育补助金等方式，对与学校建立了稳定的实习实训合作关系的企事业单位予以奖励，更好地调动社会力量参与学校劳动教育的积极性。

第三节　新时代高校劳动教育工作的实践路径

一、巩固家庭劳动教育的基础性作用

家庭是天然的教育场所。新时代，我国加快建构的劳动教育体系，强调家庭、学校、社会的协同培养机制，三者缺一不可。在劳动教育体系中，家庭发挥着基础作用，学校发挥着主导作用，社会发挥着支持作用，三方各司其职、相互配合。

家庭中的教育以不同的教法、不同的内容充斥于每个家庭，其影响力体现在每个家庭成员一生的行为中。在家庭劳动教育过程中，家长基于家庭环境，能在日常中把劳动融入家风教育，言传身教正确的劳动观念，指导孩子完成力所能及的家务劳动，以引导孩子树立积极正确的劳动观念和劳动意识，形成劳动习惯，使孩子成为具有独立生存能力的人、有责任感的人。

1. 转变家长的教育理念

在劳动教育体系中，家长的劳动教育理念是指家长对劳动教育的理性认识、理想追求及其所形成的教育思想观念和教育哲学观点。在日常生活中，家长的劳动教育理念，是在长期的教育实践、思维活动及文化积淀与交流中逐渐形成的教育价值取向。因此，要推动家长教育理念的转变，不仅需要家长自身的力量，还需要学校、社会外部力量的加持。

家长受不同教育理念的影响会采取不同的教育方法、侧重于不同的教育内容，这直接影响着整体的教育效果。有如唯分数论的家长，在教育过程中普遍存在"重智轻劳"的偏向，事事家长包办以让学生有更多学习的时间。部分过度溺爱孩子的家长，认为孩子学习压力大、学习累、时间紧，就自动承揽洗衣做饭等所有家务，以让孩子有更多的休息时间。部分家长教育经验相对缺乏，出现"劳而不育"的情况，即是说家长没有意识到劳动的综合教育功能，让孩子劳动仅是为了劳动而劳动，在孩子劳动过程中没有科学合理的指导，也没有及时正向的反馈，致使孩子的劳动过程仅成为一次劳力体验过程，而不是综合教育的实践过程。此外，部分家长还存在"以劳代罚"的错误理念。这些家长在教育孩子的过程中，将劳动视为一种惩罚方式，或将不劳动视为一种奖励、鼓励的方式，如孩子犯错便以做家务为惩罚形式，或以不做家务为奖励形式。这些不当的教育行为，会逐渐把孩子引向抵触劳动、逃避劳动、厌恶劳动的错误选择。长期发展来看，不仅会加大学校、社会在后期开展劳动教育的阻力，还不利于孩子全面发展。

第一，转变家长的教育理念，要多途径发挥学校的引导和支持作用。学校是专门教育的场所，教师均受过专门训练并具备专业理论知识，加之常年从教积累的教育经验，能为家长进行正确有效的家庭劳动教育提供技术指导。基于此，引导家长了解劳动对学生身心发展的重要性，帮助家长在生活中科学有效地履行劳动教育责任，离不开专业教师的技术引导和专业知识加持。通过家长会、开学第一课、评选优秀家长等多种形式，从价值观念入手，向家长讲解劳动及家庭教育对孩子全面发展的独特意义，引导家长形成与学校相一致的教育理念。同时，家长委员会亦要充分发挥其沟通家长、团结家长的链接作用，由学校牵头，灵活采用线下和线上的方式，举办家务亲子展示活动、劳动成果展示活动、劳动家庭评优活动，以知识讲解加活动展示的形式，帮助家长明确其劳动教育责任，明确在劳动教育中需要家长、家庭做什么的问题，以激发家长进行教育的内生动力。

第二，转变家长的教育理念，不仅借助于学校和社会的外部引导，还要得益于家长的内生性力量。家长在学校引导下，一方面，要积极配合学校的教学建议，将在生活中发现的新问题及时同老师沟通与反馈，共同探索出适合自己孩子个性的教育方法，以及兼具科学性和针对性的教育理念。另一方面，家长还应注重把教育理念落实到实际的劳动教育中。家长应保障孩子基本的劳动权利，充分利用衣食住行等日常生活中的劳动实践机会，为孩子做家务提供及时的帮助与指导，鼓励孩子参与社会公共性活动，让孩子在动手过程中感悟劳动，在劳动过程中接受课堂外的劳动教育。此外，家长还应充分发挥其主观能动性，自觉自主地学习劳动教育相关知识，不断完善自身的教育理念。家庭教育是一个日常、复杂但不简单的长期过程，对家长来说也是一个学无止境的过程。加之互联网络时代，海量信息便捷提取成为日常，这为家长进行自主学习提供了有利的机会。

2.树立尊崇劳动的良好家风

家庭氛围蕴含着丰富的教育资源。家庭作为人一生的课堂，家庭环境对个人性格品性的形成起着基础性作用，崇尚劳动的家庭环境是个人养成良好劳动习惯的重要前提。《意见》突出强调了良好家风家教对孩子养成好习惯的重要性，通过大力弘扬和倡导崇尚劳动的良好家风，助力孩子从小养成崇尚劳动的好习惯。

第一，中华民族传统美德长期浸润中所形成的良好家风家训，是树立良好家风的重要文化资源。优秀的家族文化、氏族文化的形成与延续则离不开优秀的家风、家训。家风是由家族或家庭中的祖先长辈创设，在祖先长辈的言传身教中、潜移默化地实现家风对家族成员的作风品行、处事原则等方面的规训与约束作用。自上古时期到封建社会时期，各个朝代所坚持的农业立国基本国策，都在强调劳动、农业劳动的重要性，家风教训成为强调劳动、农业劳动重要性的方式之一。长期的社会实践，也为我们当下利用家风推进劳动教育积累了丰富的文化资源，"耕读传家"的劳动教育理念，崇尚勤俭养德、重视劳作的价值理念记载颇多且影响至今。皇室之家更是如此，如唐太宗以自己勤于政事为例，告诫皇亲国戚懂得克己，要珍惜劳动成果、珍惜食物、体恤民情。不论时代如何发展，优良家风家训中的精神内核总能经久不衰，不同的时代，不同的场景，却能找到同样的情感需要。

第二，树立尊崇劳动的良好家风，离不开父母和子女双方的共同参与。家风只有在一代又一代人的认同和践行中，才能得到延续，才能发挥引导与规制的作用。家长首先要承担起引导孩子树立正确劳动观、养成好习惯的责任。在日常生活中用自己的言行举止不断感染孩子，平时能够做到不浪费粮食、不躲避劳动、珍惜劳动成果、尊重劳动者，在生活中能坚持"自己的事情自己做"、不躲避劳动的习惯，在劳动过程中能坚持认真负责、有始有终的习惯。家长要通过细微的小事让孩子切身体会到哪些是对的，哪些是应加以改正的，自觉养成崇尚劳动的良好习惯和品质。

第三，树立崇尚劳动的优良家风既得益于家庭的内部力量，又要借助于社会和国家的外部力量。崇尚劳动、尊重劳动、热爱劳动的社会大环境是树立和发展优良家风的重要基础。我们要注重社会环境对家风氛围的引导作用，在全社会营造鼓励和支持优良家风的有利氛围。在现代社会，社区、媒体、工会、妇联等都是参与社会建设的主体，也承担着培育崇尚劳动良好家风的重要任务。社区作为主要的基层组织，应重视对模范家庭和优秀事迹的宣传，通过社区公示栏、宣传栏、文化节日活动、社区评选、家务亲子活动、家务展示等活动，让居民在更多时间空间接受崇尚劳动的熏陶。各类媒体也要大力报道先进劳动的优良家风，弘扬尊重劳动的社会正气。

3. 以身作则发挥示范作用

家庭教育是个体社会化过程的关键时期，对人价值理念的形成起着极为重要的作用。家庭活动是儿童时期的绝大部分活动内容，家长的价值认知、态度观念和行为习惯，对大脑正在快速成长、尤其是步入模仿阶段的孩子而言，具有非常重要的影响。在日常生活中家长要以自身合理的行为感染孩子，平时能做到勤俭节约、敬业奉献，通过日常行为让孩子切身体会到哪些行为是可以做的，哪些行为应该纠正，促进孩子自觉养成正确的劳动观念和崇尚劳动的良好习惯。

第一，家长要以身作则发挥正确劳动观念的示范作用。家庭是每个人生活和成长的重要场所，家长是家庭教育的关键执行者。家长的价值认知、态度观念和日常行为习惯，均在无形或有形中熏染着孩子。为此，家长要全力承担起引导孩子从小树立正确劳动观念的培育责任，把正确的劳动观念贯穿于日常生活之中、落实到日常生活中的一言一行，通过寻常小事的示范与熏陶，纠正孩子不当的劳动观念。然而，当下部分家长对家风教育、劳动教育缺少重视，一方面，是部分家长的教育精力和能力有限，对孩子品行思想方面的培育方法和技巧理解不够；另一方面，较多家长受唯分数论的荼毒，将学习成绩、考试排名作为家庭教育的中心目标，采取家长承担所有家庭劳动以让孩子全心学习的策略。这种教育理念致使"高分低能""巨婴"等事件屡次出现。从长远来看，这种教育理念会诱导部分孩子产生脑力劳动无条件优于体力劳动的认知偏差。鉴于此，家长应营造和睦、温馨的家庭氛围，培养浓厚的家庭亲情，同孩子建立信任与关爱的积极关系。在相互信任和关爱中，家长以身作则，以正确的劳动观念为价值示范。

第二，在家庭劳动教育过程中，要利用动作示范在劳动教育中的作用，促进孩子具备必要的劳动能力。较之未成年人，早已独立生活的家长拥有更丰富的生活阅历，更熟练的生活劳动技能，更高水平的处理日常生活事务的能力。发挥家长的示范作用，应该将熟练的生活技能、有益的生活经验传授给孩子，鼓励孩子劳动并及时提供指导与帮助，引导孩子总结和分享劳动带来的成就感和愉悦感。家长要基于孩子的身心发展规律，鼓励并亲身示范以指导孩子在不同学段掌握不同的劳动能力。就小学低年级学段的孩子而言，家长的教育应围绕孩子的个人起居进行三方面的劳动技能示范与教育。一是家长需向孩子示范如何整理清洗个人物品。例如，整理被子和玩具；摆放水杯、毛巾及鞋子；清洗袜子和内裤等简单日常劳动。二是家长需通过示范和耐心讲解如何简单清扫、进行垃圾分类等劳动，在孩子实践劳作时给予耐心的指引和有针对性的鼓励。三是根据实际情况，家长要示范如何简单照顾动植物的技能，如给动物喂食，给植物浇水、换土等简单劳动，以塑造孩子形成关爱生命、热爱自然的个性。

第三，在家庭劳动教育过程中，要发挥良好精神的引领和感染的作用，促进孩子形成良好的劳动精神。良好的劳动精神既是家庭劳动教育的必然目标，亦是有效实现手段。在日常生活中，父母与之女间情感传染性显得特别强烈，家长的价值情感能直接引起青少年产生同样的或与之相联系的情感反应或行为。在儿童发展过程中，家长的教育对儿童的心理发展起着基础性的作用，父母的情感态度、思维方式都会有意无意地成为被孩子模仿、吸收和改造的对象。为此，家长要发挥良好的劳动精神示范作用，将自身所具备的勤俭、奉献、创新、奋斗等良好劳动精神，践行在日常生活中细微小事，让孩子在家长的一言一行中切身感受。

第四，示范家长的良好劳动习惯与品质，以促进孩子养成良好的劳动习惯和品质。心理学研究表明，儿童在接受新的影响时，总是以家庭先前有意或无意灌输的价值认知为依据去修正自己的经验，并不断地将自己的价值认知和经验判断同家庭成员的经验相对照。青少年也是在不断模仿家庭成员行为模式的同时，结合当时的环境与自身状况，形成了自己的个性。尤其是婴幼儿时期的学生，对世界的认知仅限于自身所接触的人与物，对身边信息的感知和模仿也仅停留于现象，所以家长的个人习惯与品质对孩子来说，是决定其底色的基础性影响。父母的良好习惯和品德修养，在孩子的眼里会形成一种影像，能折射出孩子对待同一事物的态度，孩子在耳濡目染中也会被父母的行为感动并愿意为之践行。基于此，家长应在学校和社会舆论的引导下，在工作中坚持认真负责、坚持劳动、安全规范、敢于创新的优秀精神；在生活中养成勤俭节约、诚实守信、吃苦耐劳的优良品质，养成良好的消费习惯，杜绝浪费，并以此作为表率，引导孩子形成良好的劳动习惯与品质。

4.强化家校联合育人效应

家校联合育人是指家长与学校，整合家庭教育与学校教育两种资源，通过相互配合、相互支持、相互促进，形成教育合力，实现学校教育向家庭有效延伸、家庭教育获得学校的科学指引。家校联合育人效应能否发挥、能在多大程度上发挥，其成败和关键在于家庭与学校是否能形成有效的教育合力。为此，需要家庭与学校各司其职、明确分工，通过及时沟通与反馈不断强化教育合力。

学校要发挥人才优势、专业优势和组织优势，为家长配合学校劳动教育提供智力支持和技术支持。家长教育经验缺乏、教育理念出现偏差、教育方法不当，同学校教育出现断层，均是学校推进劳动教育的阻碍因素。实现教育过程的教师，均是受专门训练的专业人员。他们既熟悉教书育人的专业知识和技法，也懂得孩子的现实心理与行为倾向，故应发挥其特长优势，成为家庭教育的智力支持与技术支持。

首先，学校要充分发挥其专业知识与劳动教育技法优势，为家庭劳动教育提供智力支持。学校作为专业人员，应承担起引导家长形成正确的劳动教育理念的首要责任，通过向家长灌输劳动对学生身心发展的重要性、劳动课程的特殊意义、家庭劳动教育的重要性，引导家长形成与学校相一致的教育理念。学校的劳动教育理念、教学内容及教育方法是相关政府部门、专家学者等共同讨论的结果，具有一定的科学性、专业性、系统性和指导性。

其次，学校要在实践层面向家长提供家庭劳动教育的技术支持。家庭教育存在于每个人的日常生活中，形态各异、随性但绝不随意。指导、教授、示范、评价、监督、奖惩等每个环节，均是教育系统中不可或缺的部分，家长实施每一环节的效果会直接影响最终的教育结果。家庭教育中"以劳代罚、劳而不育"等不当行为，其主因是家长家庭教育经验缺乏、理论知识薄弱，不懂得教育方法亦不会选择合适的教育方法。基于此，学校应充分发挥其专业优势，在家庭劳动教育的榜样示范、实践指导、家风引导、考核评价等环节，为家长提供及时的、科学的、有针对性的技术指导。

最后，为增强学校与家长的联动效果，应灵活选择沟通形式。不同的交流形式所吸引的对象、取得的效果而有不同，选择恰当的形式有助于内容更好实现。学校同家长沟通的方式多种选择，课内的形式有专家讲座、家长会、家长开放日、给家长的一封信等形式。可依托"五一"国际劳动节、丰收节、母亲节、父亲节等节日，举办劳动成果展示活动，为学生分享劳动成果提供机会，以加强学生的劳动成就感、获得感。同时，用学生的成长和成就感的分享感染家长，以增强家长对劳动教育的认同、激发家长进行劳动教育的自主性。依托互联网技术，拓宽家校联动的渠道。例如，利用电子平台，建立学生在校及在家庭中参与劳动活动的数据库。随着互联网技术的发展，所衍生的诸多线上新平台，逐渐成为家校沟通的新方式、新渠道。为此，学校亦要利用官方网站、微信推送、短视频等渠道，打造学生能学习、可展示，家长能了解、可反馈的新平台。

家长要多方面配合学校进行劳动教育的安排。在劳动教育体系中，发挥家庭教育的延伸作用、增强家校联合不仅需要学校以专业优势赋能家庭劳动教育，更离不开家长有意识、有目的地推进家校联合。家长是承担家庭劳动教育的主体，应在孩子完成学校劳动任务时，提供必要的技术指导、精神鼓励与物质支持。家长应在学校教师的专业引导下，在了解学校学年及学期劳动课程规划方案、任务清单的基础上，把实践任务融入家庭日常生活中，以推进学校劳动教育与家庭劳动教育的有机耦合。将劳动教育融入日常生活中，首先，家长就要保证孩子的劳动机会不被剥夺。实践是最直接、最有效的家庭劳动教育手段。为此，家庭劳动教育要基于学生的日常生活展开实践，让孩子在劳作工程中感受劳动带来的成就感，感悟人人都要劳动的道理，促进孩子逐渐养成居家生活劳动的好习惯。其次，在指导监督环节，家长要为学生完成劳动任务提供智力支持、物质支持与精神肯定，还要配合学校做好记录，及时反馈学生完成劳动教育作业的情况。例如，家长要鼓励学生参加学校劳动、社会实践及志愿服务，为学生准备劳动用具，耐心教授劳动技能以帮助学生完成劳动任务等。最后，需要学校和家庭建立相互监督考核机制。在评价考核环节，家长既要积极配合学校的考核，如实记录孩子的家庭劳动情况，也要监督学校落实劳动教育的程度。对家庭劳动教育进行科学评价的前提在于，制定出科学、有效的劳动任务清单。而这一目标的实现离不开家长的积极参与。因为家长同青少年相处的时间最长，对孩子在日常生活中的表现情况、行为习惯有最直接的感受，家长的建议往往是贴合学生实际的，所以家长不仅要为制定劳动任务清单建言献策，还要充当整个过程的执行者、监督者和反馈者。

二、发挥学校劳动教育的主体性作用

1. 坚持"五育"并举教育方针

劳动教育是促进学生全面发展的重要形式之一，它既"是教育内容，又是教育形式"。作为内容来看，劳动教育意味着"关于劳动"的教育，同德智体美并举，养成劳动情感、培育正确劳动价值观念等构成了劳动教育面临的教育主要任务。作为形式来看，意味着"通过教育"，就是让学生在生产劳动中锻炼，在锻炼中实现全面发展。

第一，发挥劳动教育的德育功能，在实践锻炼中注重提升学生的道德水平。劳动的复杂性决定了劳动教育的复杂性，也决定了劳动教育价值意蕴的多维性。

个人价值观的形成与其社会实践过程密切相关。劳动的过程是个体用身体的在场来赋予并塑造自己及自己所属的世界，个体在劳动的过程中，逐渐形成自己的精神世界、价值观、品格以及个人修养。我们应将德育贯穿其中，引导学生在团体劳动中领会并养成良好的道德品质，在辛苦劳作中感知"一粥一饭当思来之不易"，引导孩子形成克勤克俭、尊重劳动、尊重劳动者的优良习惯和品质。

第二，依托劳动实践活动增强智育效果。智育是师生向学生传递科学文化知识和技能，劳动教育是智育的实践基础，劳动教育强调学生亲手实践，经由教师、家长等主体有目的引导，激发学生参与劳动的主动性、积极性和创造性，从而为学生求真求知奠定基础。教育学家约翰·杜威提倡"做中学""学中做"，主张儿童在活动中探索，获得关于现实世界的直接经验和真切体验。现代脑科学研究表明，人的大脑具有终身可塑性，而劳动实践能改变大脑的生理机能、结构和功能。积极改变有如加速大脑运转、提升心情的立即效应，甚至改善长期记忆、注意力聚焦能力的长期效应。在劳动教育中，引导学生在实践中检验所学的理论知识，鼓励学生在新尝试中探索不同的方法、不同答案，并为学生反思与分享提供必要的机会。同时，帮助学生在亲身劳作中，积累自己对自然事物的感性认知，以提升学生的注意力和观察力。

第三，以劳动教育为劳动实践平台，发展学生体力、增强学生体质，实现以劳强体。劳动教育以实践为主线建构课程结构，注重学生亲历情境、亲手操作、亲身体验，在劳动课程、劳动项目中为学生提供技术指导、实践机会与平台，从而让学生在体力劳动中磨炼和锻炼身体机能、强健体魄，提升自我的劳动能力。同时，劳动教育注重体力劳动和脑力劳动相结合的原则，注重学生精神层面与物质层面、个体内在价值与外在价值相统一，劳动的过程得以成为学生潜能挖掘、实现自我的过程。劳动作为强身健体的手段之一，本身就具有锻炼身体的效果。长期坚持体力劳动能帮助学生锻炼身体耐受力，促进身体新陈代谢，增强身体免疫力、促进消化等功能。适度适量的体力劳动，作为一种体育方式，让学生身体达到锻炼效果，还能作为压力释放手段，帮助学生调节心理，从而帮助学生保持身心健康。

第四，劳动教育是发现美的重要媒介，也是综合落实美育的重要手段。劳动教育的内容体现了美的规律，劳动过程能使学生感受到劳动创造带来的喜悦，从而促进劳动技术教育。基本的劳动技能是培养学生艺术活动技能的基础，在劳动课程教学中，教师良好的外在形象、肢体语言以及课程案例中出现的工艺精品，能使学生直观感受美，这利于发展学生体现美和创造美的能力，进而培养学生进行艺术活动的技能。在劳动实践课程中，在教师的指导、示范和鼓励下，让学生在实践中感受、总结和分享劳动创造带来的喜悦。例如，张家港市实验小学充分发挥劳动育人优势，在校园里开辟了"童心农场"，为学生们在农场种植果蔬、观察植物、研究植物生长以及绘画写生等提供了条件，在贯彻落实"五育"并举教育理念的同时，丰富了劳动教育的内涵，也为促进学生综合素质全面发展拓宽了路径。

2.增设专门的劳动教育课程

增设专门的劳动教育课程是"推进学校劳动教育的基本要求"，增设专门的劳动教育课程，要在遵循学生身心发展规律的基础上，统筹安排课程课时设置，制定各学段的劳动课程载体、课程重点及课程目标等内容。

第一，在量上，保证专门的劳动教育课程开齐开足。一方面，政府相关部门要将劳动教育融入教育体系，针对不同学段学生增设专门的劳动教育课程。在劳动教育探索阶段，我国为推进劳动教育做出了诸多努力，也取得了显著成就。我国出台的政策文件，初步建构起了劳动教育体系，针对不同学段的学生实情，对劳动教育课程、课时制定出不同的教育方案。在《意见》的指导下，我国各地相关部门结合自身实际，相继出台了更具体化的实施方案。然而在具体实施过程中，地区之间、学校之间课程实施情况差异大。例如，教学条件好的地区更注重素质教育，贫困地区实行素质教育阻力更大，劳动教育课被弱化、被挤占的问题相对更为突出。为此，可通过建立城乡学校之间、城市之间的结对帮扶机制促进劳动教育。在城乡学校间，借助信息化和互联网手段，推动劳动教育资源流动，促进劳动教育资源城乡共享。在城市之间，以定点对口扶持的形式，经济发达地区可向经济相对落后、教育资源缺乏的地区提供经济、人才和技术经验支持等。再如，组织发达地区的职业教育院校与经济发展落后的地区对接，以学校对接企业的方式，促进职业教育发展，提高经济发展落后地区劳动者的劳动素质与技能。另一方面，保证劳动教育课程开足，需要外部监督的介入。《意见》对各个阶段劳动教育课的时长做出了明确规定。然而，大部分学校在执行过程中，存在学生的综合实践活动、信息技术、劳动与技术等相关课程均不同程度被挤占的现象，而且挤占程度随年级升高而加剧。这是由于升学压力大，劳动教育被弱化，劳动教育的重要性被轻视。同时，由于外部力量的缺位，导致完善教育督导办法、教育评价体系与激励机制仍面临着多重障碍。因此，增设劳动课程既需要学校内部督查组的监督，还需外部力量的辅助，如党组织、上一级政府、家长和学生的监督以及专家的外部督导。唯有健全监督体系，发挥多主体的监督力量，制定的课程课时安排才会被落实。基于此，要进一步明确教育部等相关政府部门的主体责任，拓宽监督渠道引导家长的参与监督。在《意见》的指导下，我国各省区市结合各自教育资源，相继出台具体的劳动教育实施方案。2021 年 3 月，四川教育厅修订了四川省义务教育课程设置方案，将劳动教育课程纳入教育体系，同时联合人力资源和社会保障厅保障学生的劳动教育课开全开齐。

第二，在质上，要保障专门增设的各级劳动教育课程开好。一方面，要开好国家劳动教育课程。它反映出国家教育的基本标准，这体现于国家对各地地方中小学教育的共同要求中，它的主导价值则体现在确保所有公民共同的基本素质。因此，开好国家劳动教育课程的重要性得凸显。《意见》明确提出，要将劳动精神、劳模精神等优秀精神，以专题教育的形式融入专门的劳动教育课程，在开展劳动教育课程的过程中，要充分挖掘劳动模范的先进事迹，通过摆事实、举例子、讲道理的方式，让学生学深悟透。其次，要融入劳动组织、劳动安全和劳动法规等方面的内容。最后，要以国家政策文本为指导，分学段制定不同的教育内容，普及与学生职业发展息息相关的通用劳动科学知识。另一方面，开发地方劳动教育课程和校本劳动教育课程。要把握好、衡量好、解决好对于开发特色课程与校本课程的难题，以避免学校之间劳动教育内容同质化、形式较为单一的问题。而开发地方、校本劳动教育课程的关键和难点在于开发和利用已有的课程资源。为破解这个难题，我国出台了很多的政策文本和指导标准，统筹当地劳动教育资源，采用宜林则林、宜工则工、宜农则农的策略。

3.促进劳动教育形式多元化

第一，丰富传统教育形式，要充分挖掘校本资源，促进课堂教育形式多元化。一方面，要在课程教学中融入劳动教育，促进劳动教育同不同学科课程之间的融合。课堂课程教学是劳动教育的主要渠道之一，让劳动教育融入不同的学科课程，可以突破劳动教育局限于专门的课程之中的弊端。另一方面，要结合地区特色、校本资源，开发新的课程资源或活动项目。以主题活动的形式开发潜藏的劳动教育资源。例如，可开展校园劳动教育主题活动，活动项目的具体内容可依据当地的特色资源进行调整。

第二，在校内活动中嵌入劳动教育。课外劳动教育是课堂劳动教育的必要补充和延伸。《大中小学校劳动教育指导纲要（试行）》（以下简称《指导纲要》）明确指出，针对各学段的教育特征开发不同的课外劳动教育形式，除独立开设劳动教育必修课外，还要在课外校外活动中安排系列的劳动实践。学校是有计划、有目的、有组织的专门进行专业教育的固定场所，其专业性不仅表现在教师的专业、教法的专业等方面，还体现在基础设施的建设均服务于学校育人目标的实现。基于此，将劳动教育嵌入学生的校园生活，可利用学校现有基础设施开展教育活动、志愿者活动、勤工助学岗位等。例如，利用学生宿舍这一场所，举办宿舍整理大赛、宿舍美化大赛等主题活动。利用图书馆、食堂餐厅等既有场所，设立图书馆整理、食堂帮厨与秩序维护等勤工助学岗，让学生参与到学校日常管理、清洁卫生事务中。

第三，在家庭生活中强化劳动教育。家庭构成了开展劳动教育的关键场域，实践是有效、直接的教育方式之一，强化劳动教育离不开家庭日常生活中的劳动实践机会。理论教学只有经过学生实践，才能够深化学生对知识的理解，增强对劳动的认同感。家庭日常生活中的衣食住行等劳动实践，是每个人与生俱来的劳动教育机会，是普遍且直接、低成本且有效的教育形式，是强化劳动教育必须要抓住的资源。在家庭生活中强化劳动教育，家长要充分保证学生的家庭劳动机会。《指导纲要》对家庭生活劳动时间做出明确的强调，其中小学 1-2 年级不少于 2 小时，其他中小学年级不少于 3 小时。在家庭日常生活中，家长要鼓励学生自觉参与劳动，引导学生能够坚持不懈地积极进行家庭劳动，以此获取必要的劳动技能。然而，不同类型的家庭劳动实践弱化、淡化等现象较为普遍。一方面，家长劳动教育理念偏颇、教育方法不当、教育经验不足以及教育技巧模糊等问题使然；另一方面，学校与社会的缺位、主体责任尚未落实，致使家庭、学校、社会三者的联动效应大大减弱，家庭劳动教育缺乏必要的引导与支持。在家庭生活中强化劳动教育，不仅需要家长提供劳动实践机会，还需学校和社会引导并支持家长提供且保证家庭劳动实践。例如，北京市定慧里小学采用常规活动结合特定活动策略，通过"今天你劳动了吗"的常规活动结合征集"劳动金点子""劳动小能手""我是小当家"等展示活动，让学生在日常生活的劳动实践、生活技能训练、节假日社会活动中掌握必备的家务技能，培养学生热爱劳动、热爱生活的品质。

第四，在社会实践中拓展劳动教育。社会实践的形式丰富多样，针对不同学段的学生，在专业教师的指导下，让其积极投身于公益活动、志愿服务、职业体验等实践活动中来，拓宽劳动教育的内容。当前，一大批高新技术早已融入了人们日常的生产生活当中，对培养新一代劳动者提出了更高的要求。基于此，当下需解决以下四个方面的问题。一是不同学校要立足国家重大战略和自身办学定位，探索不同的劳动教育内容和方式。例如，职业院校应结合乡村振兴、中国制造2025 等国家重大战略，结合时代要求，探索与现实适配的劳动教育内容与形式。二是要坚持以学生为本位的教育原则，注重发挥学生专业特长。教育的目的在于促进学生全面发展。三是采用多种实践方式共举的教育方法，激发学生参与的积极性、主动性。例如，以工业生产体验、工业生产体验、职业体验、勤工俭学、劳动互助和服务社会等方式，提高社会实践的针对性，满足不同学段学生的不同需求，以促进学生劳动情感养成、劳动能力提升，让学生在劳动实践训练中得到全面发展。

4.加强校园劳动文化建设

丰富多彩的校园文化和良好校园氛围对于劳动教育能够产生潜移默化的影响，育人效果润物无声，具有隐形育人功能。使得崇尚劳动、尊重劳动、热爱劳动的文化氛围无处不在、无时不有。

第一，在劳动实践中，将对学生关于劳动的感知和体悟产生直接影响，吸引学生主动参加校园文化活动。例如，借助"五一"国际劳动节进行劳动技能展示和成果评比的活动，既能吸引学生参与活动，激发学生对劳动的认可感，又能提升学生劳动技能；邀请先进劳模、工匠大师等先进人物举办讲座，分享个人的劳动故事，展示精湛的技艺，并结合板报宣传栏、新媒体等渠道广泛宣传，让劳动精神成为大家的情感共识和价值共识。为此，学校要鼓励支持学生组织举办相关主题活动，将崇尚劳动的精神贯穿整个活动，于无形中传递正能量。以表彰大会、学习大会等形式，挖掘学生身边普通的优秀模范，形成崇尚劳动、尊重劳动、热爱劳动的校园氛围。

第二，将劳动元素融入校园文化建设之中。要营造崇尚劳动的校园文化，离不开把崇尚劳动的元素融入学校的方方面面。因此，在校园文化建设过程中，首先，要将崇尚劳动、尊重劳动、热爱劳动的元素融入其中。例如，在校风校训、大学精神中融入劳动元素，把劳动元素作为学校的重要象征。其次，在校园的楼宇、长廊等自然场景中融入劳动的元素。最后，与学术科研相结合起来。例如，结合日常实际解读政策文本，在劳动教育的建设过程中不断反思、发现问题、总结经验，利于为优化校园文化建设提出有针对性的建议。

第三，利用媒体增强崇尚劳动的优良劳动观念传播力度。利用媒体营造崇尚劳动的氛围，离不开具有吸引力的媒体平台。打造具有吸引力的媒体平台，需要从媒体传播的技术和内容两方面切入。一方面，学校要丰富媒体平台的传播形式，以提升学生对媒体的接受度。媒体传播形式多样，对学校媒体而言，主要是学校学院官网、微信公众号、校园广播、校园电台、视频号等媒体平台，其各有特色，其主要受众也有所差异。为此，学校媒体应积极探索学生喜闻乐见、易于接受、认可的方式，针对学生不同的喜好，灵活结合多种媒体传播，以提高传播覆盖面和影响力。同时，通过开设大国工匠专栏、榜样人物专栏等内容，持续传播模范人物的先进事迹、劳模故事、工匠故事，以加深学生对劳动、劳动者、劳动创造和劳动精神的认知和思考。另一方面，媒体传播的内容要符合学生喜好和情感需求，所讲述的模范人物、榜样事迹越贴合学生的日常生活，就越容易被认同，实际教育效果也会越好。

三、注重社会劳动教育的支持性作用

1. 为劳动教育提供社会物质支持

构建劳动教育协同实施机制，离不开社会的物质支持。社会能为劳动教育提供一定的劳动实践场所、生产体验岗位、服务实习岗位等物质支持。为此，相关政府部门要鼓励和引导社会企业提供力所能及的物质支持，并设定准入门槛和专业设计，以考核淘汰的方式保证质量。

第一，政府要引导和协调企事业单位、工厂农场等为学生提供劳动实践场所，以丰富和拓展学生劳动实践场所，满足学生不同的劳动实践需求。劳动教育注重"在做中学""在劳中育"，要搭建劳动教育实践平台、开展劳动实践活动，而这都离不开社会的支持作用。企事业单位较为成熟的生产环境，能为学生参与劳

动实践提供多样化的实习机会，让学生在生产岗位上发挥专业特长、提升劳动技能。尤其是高新技术企业的开放，能让学生直接体验前沿的劳动实践新形态、新方式。为此，应由政府相关部门牵头，凝聚社会各方力量，协调政府部门、企事业单位等组织积极承担社会责任，打造和完善教学实验农场、职业院校实习实训基地等劳动教育实践基地，共同搭建起校外的劳动实践平台，为学生提供实践机会和实习岗位。同时，还要健全劳动教育资源共享机制。在综合实践基地、青少年校外活动场所、职业院校实训实习场所及设施设备、高等学校劳动实践场所等已有教育资源进行统筹的基础上，推进劳动教育资源开放共享。

　　第二，在统筹已有资源的基础上，由政府相关部门牵头，结合实际情况来认定劳动教育基地。一方面，城镇地区可认定一批公共场所作为服务型劳动基地。例如，2020年10月，广东省广州市珠海区首个劳动教育实践基地落户海珠湿地，该基地由广州市教育局指导，由海珠区教育局、广州海珠国家湿地公园和广州市海珠湿地生态发展有限公司共同建设。该基地围绕海珠湿地垾基果林农耕文化特色和自然资源，学生在这里展开从基本的湿地观察、基本农耕工具的使用学习，到果蔬栽种、稻田劳作、系统的园林管护、种植规划等内容。另一方面，我国疆域广阔，地区风貌差异大，若不顾实际情况机械复制已有成功案例，只会取得负面效果。建设社会实践劳动基地，就是把当地已有的、尚未开发的教育资源凝聚起来，建设为劳动实践基地，必须因地制宜，坚持宜工则工、宜农则农、宜林则林的原则。对农村地区而言，田间林地和草场就是已有但尚未开发的社会实践劳动场所，若在学校、社会的有效引导下，亦能有力地为农村地区开展劳动教育提供物质支持。加强农村学校的劳动实践场所建设问题，早在2003年6月，我国教育部便联合原农业部、原国土资源部制定专项的建设意见。其中，明确了农村地区学校劳动实践场所建设的主要任务，并采取系列优惠扶持该场所的建设，同时把该场所的建设纳入地方经济建设统筹规划以加强领导。二十多年来，我国在推进农村学校劳动实践场所建设中取得了诸多成就。对培养学生劳动观点、劳动技能和创新精神发挥了重要作用，也成为深化农村教育改革、提高教育为农服务能力的有效载体，还成为改善学生生活、补助家庭经济困难学生的重要渠道。

2.为劳动教育提供社会文化支持

劳动教育对社会支持的需求是多方面的，不仅需要物质支持，还离不开文化与制度的相互配合。在主流媒体、群团组织、文艺产品创作者等合力作用下，营造出崇尚劳动、尊重劳动、热爱劳动的社会舆论氛围，恰是推动劳动教育亟需且优质的社会大环境。

第一，发挥共青团组织、工会、妇联等群团组织的凝聚和思想引导作用，在社会形成一股教育合力。一是充分发挥共青团组织对广大青年的价值引领作用。共青团组织是党的青年工作的重要力量。共青团以做好青年思想政治引领工作为重中之重，发挥共青团的价值引领作用，要在团员大会、主题团课、民主生活会等专题会议上，以集体学习先进劳模典型事迹等方式弘扬劳动精神。同时，积极举办社会公益、社会调查、社会实践和劳动生产等活动，以竞赛、演讲、调研等活动形式吸引青年加入劳动过程，感悟劳动创造财富的道理。二是充分发挥工会的教育引导作用。结合自身的优势和特点，充分利用已有空间资源和时间资源，通过开展知识竞赛、书画摄影比赛以及评优选先等活动，引导企业职工遵守生产安全规范，鼓励企业职工大胆创新、勇于挑战，引导职工树立积极的劳动观。三是充分发挥妇联组织的桥梁纽带作用。有效运用妇联组织基层工作的优势，用好家长学校、妇女之家、儿童之家等妇联组织平台，开展富有特色的群众性精神文明创建活动，发挥妇女在社会及家庭生活中的独特作用。

第二，发挥媒体的舆论宣传作用。媒体要积极承担起相应的舆论引导作用，尤其是主流媒体要积极引领社会舆论，掌握信息的传导，将主流的价值观、主导的意识形态逐渐地灌输给大众。同时，主流媒体通过舆论环境氛围营造，形成一种满足大众心理需求的交流互动与思想沟通，从而将主流意识形态"内化"为群众的认知和行动。例如，中央广播电视总台出品的评选"感动中国人物""寻找大国工匠"等系列活动，以朴实无华的感人故事和敬业奉献的美德，用真情实感传递正能量，影响着大众的思想观念、道德意识和个人行为，从而有助于营造一种崇尚劳动、乐于奉献、敬业敢为的社会氛围。在互联网赋能的新媒体时代，主流媒体传播着社会主流意识形态，承载着社会主流舆论导向的重任。互联网以其便捷性、广泛性的优势降低了进入门槛，成为多数人获取信息、分享信息的主要渠道。随着获取信息的渠道越来越多，思想观念和价值取向也日趋多元，发挥社会主流舆论的导向作用显得尤其重要。发挥舆论媒体的正能量引导，利用媒体宣传典型，积极弘扬劳模精神、工匠精神，利于加强社会对劳动、劳动精神及劳动教育的认可度，在全社会形成尊重劳动、热爱劳动和敬业奉献的良好风尚。

第三，文艺界作为社会主义先进文化的创造者和传播者，在实施劳动教育、培育劳动教育社会氛围等方面意义重大。文艺作品作为文化载体的重要形式之一，其传递的情感、价值观是营造社会氛围的重要组成部分。作品传递怎样的价值观、树立怎样的榜样，以及展示怎样的生活方式，对青少年的影响举足轻重。当前一些文艺作品缺乏文化内涵、价值观扭曲，向社会传播不良价值观，阻碍了学生的健康成长。为此，文艺界工作者应把好质量关，创造内容优质的作品，通过高质量的内容建立输出优秀的文化内涵。以文艺作品为载体，积极弘扬劳动光荣、创造伟大的主旋律，旗帜鲜明地反对一切不劳而获、贪图享乐、崇尚暴富的错误观念，营造全社会关心和支持劳动教育的良好氛围。此外，优质内容还要提升创造的能力，创造形式多样的文艺作品满足受众的需求。

3. 为劳动教育提供社会制度支持

第一，不断健全资金保障机制。开展劳动实践离不开劳动技术实践教室、实训基地，而维系劳动教育场所的运转需要大量且稳定的资金来购买设备、添置损耗器材。当前，劳动教育中的资金来源主要是政府财政补贴，由于地区间发展差异较大，劳动教育资金投入的差异也相对较大。尤其是偏远地区，劳动教育固定支出较为不足。为此，地方政府要统筹中央提供的补助资金和自有财力，作为专项经费支持学校开展劳动教育。学校可将这笔经费用来打造劳动教育师资队伍、支持相关学术研究等。同时，政府要加强学校劳动教育设施标准化建设，将劳动安全保障工作落实到位，把好劳动设施的质量关。政府还可引导并鼓励地方企事业单位为劳动教育事业提供场地支持的同时给予力所能及的资金支持，并通过提供政策优惠、评定为先进企业等多种方式，将政府的鼓励落到实处，成为一种企业能感知到的鼓励。

第二，加强学校的师资队伍建设离不开健全的人才机制。人才机制在师资建设过程中起着巩固的作用。教师是学校劳动教育过程中的执行者与领航人，教师的教学质量、学校师资队伍的质量直接影响着劳动教育的实际结果。首先，要保障劳动课教师在考核评聘、专业发展等方面与其他专任教师享受同等待遇。人才机制与任课教师的工薪待遇直接挂钩，将在很大程度上影响任课教师的自主性、积极性。在劳动教育体系中，若人才机制极度不健全，极易挫败教师的积极性、自主性，造成劳动教育的专业人才面临匮乏、短缺等问题。其次，构建劳动课教师特聘制度，发挥社会中具有劳动经验、精湛劳动技能人员的专业优势，如劳动模范、工匠大师等专业人员。最后，可以将中小学、职业院校同普通高等学校建立起共享机制。既能够发挥劳动教育的专业优势，又能够培育更加优秀的劳动教育人才。

第三，健全劳动素养评价制度。劳动素养要求既有精神观念层面，又有实践能力层面。合理科学的评价体系是教育实践过程的方向标，让学校开展劳动教育更加规范化、制度化。健全的劳动素养评价制度能够对学校的教、学生的学起到一个及时的检测与规范、正向的激励作用。当下部分家长、学校存在"唯分数论"的错误教育理念，原因之一就是教师教学和学生学习评价制度不健全。这在劳动教育体系中，则表现为劳动教育素养评价制度的缺位。基于此，健全科学、合理的评价体系，必须符合劳动教育的劳动素养要求。不同学段学生的劳动教育内容和目标不同，劳动素养要求亦不相同。

第四，健全外部监督机制。教育督导制度是保障教育政策有效落实、规范办学行为、提高教育教学质量的重要手段。在劳动教育初步发展阶段，我国为健全劳动教育的外部监督机制做出了很多具有实效性的探索。中共中央、国务院印发的《关于深化新时代教育督导体制机制改革的意见》提出，到2022年，基本建成全面覆盖、运转高效、结果权威、问责有力的中国特色社会主义教育督导体制机制。在劳动教育体系中，教育部于2020年在《指导纲要》中，从健全教育督导体系、落实主体责任、督导的基本内容、督导结果的处理四个方面入手，加强对学校劳动实施情况的督查。相关政府部门要进行督查与指导，并将督导结果向社会公开，利于充分发挥舆论的监督作用，并将督导结果作为学校考核指标。

四、强化自我劳动教育的内生性作用

事物的发展变化主要取决于内因，教育尤其如此。任何形式的教育都要归结为自我教育，只有实现学生的自我劳动教育，才能把崇尚劳动、尊重劳动、热爱劳动内化和转化为个人的自觉行动，劳动教育也才能真正实现。

1.树立正确的劳动观念

劳动观念属于深层面的情感价值规定，发挥着重要的情感导向和行为引导作用。劳动观念有优劣之别，只有将正确的劳动观念内化于心，才能将尊重劳动、热爱劳动外化于行。反之，若从小便树立了错误的劳动观念，则易养成好逸恶劳、奢靡浪费的不良习惯，形成生活基本能力弱等问题。

《意见》指出树立正确的劳动观即是牢固树立马克思主义劳动观。马克思基于人类社会发展一般规律和资本主义社会发展的特殊规律，在正确把握劳动的社会属性、价值、作用、目的、范畴以及智育于生产劳动关系的基础上形成了马克思主义劳动观。新的时代境遇，为马克思主义劳动观注入了新的时代内涵。学生应在学校、社会的引导下，在专门的劳动教育必修课中学习马克思主义劳动观相关理论内容，结合大国工匠、优秀劳模等典型案例认真学习，主动向这些榜样学习，主动感受并领悟勤勉敬业的劳动精神，感悟劳动对个人生活、社会发展和国家进步的至关重要作用。同时，学生应充分利用一切已有劳动教育资源，积极参与课内外和校外的劳动实践。在劳动实践中，不断丰富自己的劳动体验，在实践中不断深化对劳动价值的理解。

2.培养良好的劳动习惯

学生能否在劳动的过程中主动承担起应负的责任和义务，就在于其是否养成并形成了良好的劳动习惯。劳动习惯指个体在马克思主义劳动观指导下，在参与经常性的实际劳动过程中所秉持的正确的劳动态度，从而逐渐养成的一种自觉劳动的稳定性行为模式。

培育良好的劳动习惯是我国教育方针的一贯要求，也是学生维持自身生存和更好学习的内在要求。如果离开了实践、脱离了生活，再好的价值观也会沦为空谈。只有付诸实际行动，优良的劳动观才能真正成为推动社会进步的力量。为此，学生要积极主动地参与学校、社会群体组织开展的形式多样、贴近实际、针对性强的实践活动，只有从身边小事做起，才能把崇尚劳动、尊重劳动、热爱劳动变成日常的行为准则。

形成良好的劳动习惯，离不开反思交流的习惯。对学生而言，在良好劳动习惯尚未形成阶段，难免会有松懈，想要逃避劳动、躲避劳动的时候。尤其是低龄段儿童更易如此。此外，在部分家长错误劳动教育理念的驱使下，或在部分家长不良劳动习惯的影响下，易致使学生劳动机会丧失，从而不利于学生从小养成良好的劳动习惯。为此，除要加强自我监督、自我教育外，学生作为主体之一，也要充分发挥主观能动性，充分进行自我教育，主动向优秀榜样学习，不断反思自己不足并改进。对学生而言，在同伴间相互交流，可以把劳动过程结果与社会进步、个人进步相关联，避免停留在简单的苦乐体验上。为此，要引导学生将反思交流与改进结合起来，引导学生总结劳动过程、交流劳动感受。教师、家长要注意引导学生将反思交流与改进结合起来，引导学生总结劳动过程，鼓励孩子积极交流劳动感受。

将良好的劳动行为养成良好的劳动习惯，重在日常落实。需要将其与学生的实践生活紧密结合起来。例如，一些日常的劳动实践是锻炼学生的自理能力、养成良好习惯的基本方式。对学生而言，需要在日常生活中，切实做到珍惜劳动成果，不浪费粮食，爱护学习用品、生活用品等；养成"自己的事情自己做"的习惯；在生产劳动过程中，要自觉养成遵纪守法、吃苦耐劳的良好的劳动习惯。

3. 掌握必备的劳动知识技能

新时代，学生需要掌握的基本知识技能，不同学段有不同的内容。对义务教育阶段的学生而言，在日常生活中形成个人生活自理能力，能掌握家庭清理与个人卫生、家居整理与收纳、家庭烹饪等劳动过程的基本知识、基本步骤与操作方法。同时，能在日常生活中发现存在的问题，综合运用生活基本技能解决问题。在农业或工业生产中，能发现生产劳动中的需求与问题，制定相应的劳动方案和规划，运用基本安全规范、生产知识与技能选择合适的材料和工具，并根据实施情况，对方案进行必要的改进与优化，从而成为具有植物种植、动物饲养等能力，以及合作完成工业产品的设计与制作的能力。在工艺制作中，能掌握一定的手工技能，能设计工艺作品，并使用相应的工具实现设计的能力。

第八章

总结展望

"以劳树德、以劳增智、以劳健体、以劳育美、以劳创新"是新时代中国特色社会主义劳动教育的重要特征。劳动教育的核心目的是有效实施中国特色社会主义劳动价值观的教育，是广大青少年学生而且是全体人民都需要树立正确的劳动价值观，这不仅是加强意识形态教育的重要途径，也是培养时代新人的必然要求。青年学生成长在中国经济社会快速发展的新时代，面临着价值观方面的问题越来越凸显。总体而论，我们可在综合考察高校劳动教育的理论基础、历史启示、现实境况、运行机理以及新时代大学生自身成长成才特征、需求和规律的前提下，努力从以下几个方面加强新时代高校劳动教育。

一、始终保持高校劳动教育的理论自觉。当前西方消费主义、泛娱乐化庸俗化的社会思潮仍然在我国的意识形态领域持续渗透，严重挑战和冲击大学生的价值观。因此，要坚持以马克思主义为指导，从源头上强调马克思主义劳动理论的科学性。让大学生明确劳动是创造物质世界和人类历史的根本动力，劳动是一切社会财富的源泉。要坚持现实教育的需要，要在习近平新时代中国特色社会主义思想指引下，把劳动教育扎扎实实开展好，让劳动价值观成为每个受教育者的自觉追求，为培养德智体美劳全面发展的社会主义建设者和接班人作出更大贡献。

二、始终坚持建构新时代高校劳动教育系统化的内容体系。高校劳动教育秉承马克思主义关于人的全面发展的最终目标、延续党和国家人才工作的一贯目标、融合大学生价值观培育的现实需求。部分大学生劳动价值观存在对劳动缺乏全面而深入的认知、知行不一的问题，部分大学生就业价值取向还存在偏差等，高校劳动教育作为社会主义核心价值观教育的重要内容，构建了系统化的内容体系，主要包含确立正确的劳动价值理念、培育积极的劳动态度、培养强烈的劳动认同感、培养坚强的劳动意志、培养突出的劳动能力等内容。

三、始终坚持推进新时代高校劳动教育切实有效的路径探索。从劳动价值观层面加强大学生社会主义核心价值观培育，实现了价值观培育的"落地"，价值观培育不再是高高在上的理论或剥离现实的"空中楼阁"，而是切实走入学生日常生活的全面的价值观养成实践行为。在价值观教育的日常向度上实现传承转化、全程融合和生活关注，形成全面细致的生活化价值观涵养路径。在价值观塑造的逻辑路向上发挥环境营造、主体参与和知行合一的优势，融通价值观的认知、认同和践行环节，实现行之有效的价值观内化于心、外化于行的个性化涵养路径。

总之，新时代高校劳动教育是理论逻辑、历史逻辑、现实逻辑的有机统一。加强新时代高校劳动教育要重点从两个方向上着力。一方面，要从纵向上着力，理清理论渊源和历史实践，从而为研究确立坚实的理论基础和提供丰富的经验启示。另一方面，要从横向上贯通，坚持立足现实发展境遇，以问题意识为导向，利用社会调查研究法，把握新时代高校劳动教育的总体情况，在此基础上发现和提出问题。坚持以习近平新时代中国特色社会主义思想为指导，分析问题和解决问题。由此，以既纵横交错又辩证统一的理论指导、历史启示、现实实践与未来发展，确立新时代高校劳动教育的科学体系。

参考文献

[1] 崔延强, 陈孝生. 马克思劳动教育思想及其当代价值 [J]. 苏州大学学报 (教育科学版),2022,10(01):67-74.

[2] 王彦庆. 新时代大学生劳动教育研究 [D]. 哈尔滨师范大学,2021.

[3] 钟飞燕. 新时代学校劳动教育研究 [D]. 吉林大学,2021.

[4] 陈云龙, 吴艳玲. 新时代劳动教育的内涵、特征与价值 [J]. 人民教育,2020,(07):35-38.

[5] 中共中央国务院关于全面加强新时代大中小学劳动教育的意见 [N]. 人民日报,2020-03-27(001).

[6] 刘丽红, 曲霞. 论高校创新创业教育与劳动教育的同构共生 [J]. 中国青年社会科学,2020,39(01):103-109.

[7] 檀传宝. 何谓 "教育与生产劳动相结合" ——经典论述的时代诠释 [J]. 课程. 教材. 教法,2020,40(01):4-10.

[8] 肖绍明, 扈中平. 新时代劳动教育何以必要和可能 [J]. 教育研究,2019,40(08):42-50.

[9] 徐海娇. 重构劳动教育的价值空间 [J]. 中国教育学刊,2019,(06):51-56.

[10] 汤素娥. 习近平新时代劳动观研究 [D]. 湖南大学,2019.

[11] 岳海洋. 新时代加强高校劳动教育的价值意蕴与实践路径 [J]. 思想理论教育,2019,(03):100-104.

[12] 裴文波, 岳海洋, 潘聪聪. 高校大学生劳动教育的多维透视 [J]. 学校党建与思想教育,2019,(04):87-89.

[13] 曲霞,刘向兵.新时代高校劳动教育的内涵辨析与体系建构 [J].中国高教研究,2019,(02):73-77.

[14] 檀传宝.劳动教育的概念理解——如何认识劳动教育概念的基本内涵与基本特征 [J].中国教育学刊,2019,(02):82-84.

[15] 班建武."新"劳动教育的内涵特征与实践路径 [J].教育研究,2019,40(01):21-26.

[16] 黄燕.新时代劳动精神的生成逻辑、核心内涵与弘扬路径 [J].思想理论教育,2019,(01):97-100.

[17] 胡君进,檀传宝.劳动、劳动集体与劳动教育——重思马卡连柯、苏霍姆林斯基劳动教育思想的内容与特点 [J].国家教育行政学院学报,2018,(12):40-45.

[18] 徐长发.新时代劳动教育再发展的逻辑 [J].教育研究,2018,39(11):12-17.

[19] 刘向兵.新时代高校劳动教育的新内涵与新要求——基于习近平关于劳动的重要论述的探析 [J].中国高教研究,2018,(11):17-21.

[20] 刘向兵,李珂,彭维峰.深刻理解新时代加强劳动教育的重大意义与现实针对性 [J].中国高等教育,2018,(21):4-6.

[21] 李珂,曲霞.1949年以来劳动教育在党的教育方针中的历史演变与省思 [J].教育学报,2018,14(05):63-72.

[22] 檀传宝.加强和改进劳动教育是当务之急——当前我国劳动教育存在的问题、原因及对策 [J].人民教育,2018,(20):30-31.

[23] 徐海娇.劳动教育的价值危机及其出路探析 [J].国家教育行政学院学报,2018,(10):22-28.

[24] 胡君进,檀传宝.马克思主义的劳动价值观与劳动教育观——经典文献的研析 [J].教育研究,2018,39(05):9-15+26.

[25] 李珂.习近平新时代中国特色社会主义劳动思想探析 [J].思想教育研究,2018,(01):12-16.

[26] 徐海娇. 危机与重构：劳动教育价值研究 [D]. 东北师范大学 ,2017.

[27] 徐溪远. 新时代大学生劳动教育研究 [D]. 西安理工大学 ,2017.

[28] 檀传宝. 劳动教育的本质在于培养劳动价值观 [J]. 人民教育 ,2017,(09):45-48.

[29] 王连照. 论劳动教育的特征与实施 [J]. 中国教育学刊 ,2016,(07):89-94.

[30] 郑银凤. "90 后" 大学生劳动观教育研究 [D]. 西南交通大学 ,2016.

[31] 高亚伟. 当代大学生劳动教育研究 [D]. 天津师范大学 ,2015.

[32] 黄济. 关于劳动教育的认识和建议 [J]. 江苏教育学院学报 (社会科学版),2004,(05):17-22.